barbecue

Bon Appétit

JACQUELINE BELLEFONTAINE

p

Parragon Publishing
Queen Street House
4 Queen Street
Bath
BA1 1HE

ISBN : 1-40540-459-0

Imprimé en Chine

Produit par Haldane Mason, Londres, Royaume-Uni

Maquette : Ron Samuels
Directeur de la rédaction : Sydney Francis
Conseiller en rédaction : Christopher Fagg
Rédactrice en chef : Jo-Anne Cox
Rédactrice : Lydia Darbyshire
Conception : Digital Artworks Partnership Ltd
Photographie : St John Asprey
Spécialiste en économie domestique : Jacqueline Bellefontaine
Traduction : Atlas Translations, Cambridge, Royaume-Uni

Note :
Il est considéré qu'une tasse correspond à 240 ml
et une cuillerée à soupe à 15 ml.
Sauf indication contraire, il est sous-entendu que le lait
est entier, que les œufs sont de taille moyenne et que le poivre
est du poivre noir fraîchement moulu.

Les barbecues utilisés pour les photographies de ce livre
ont été gracieusement prêtés par :
Weber, Yardley Road, Knowsley Industrial Park North, Kirkby, Liverpool L33 7SS
et Castle Catering Supplies, 4 King James Court, London SE1.

Sommaire

Introduction

Pourquoi les grillades en plein air sont-elles si appétissantes ? C'est peut-être l'air frais, les parfums dégagés, irrésistibles, ou le doux grésillement de la nourriture sur la grille. Quoi qu'il en soit, la cuisine au barbecue rencontre un succès grandissant, ce qui n'est pas surprenant lorsqu'on sait la diversité des plats savoureux que l'on peut préparer sur du charbon de bois. Ce livre contient déjà 120 recettes qui ne vous laisseront pas à court d'imagination.

Le temps des éternelles saucisses et des steaks grillés est bien révolu – même les nostalgiques trouveront ici de quoi préparer des hamburgers fantastiques et des sauces succulentes pour accompagner les saucisses. Mais pourquoi ne pas essayer le poisson, excellent pour la santé et parfaitement adapté au barbecue ? Vous découvrirez aussi des dizaines de marinades et de sauces de cuisson savoureuses pour les amateurs de viande, ainsi que des recettes végétariennes, des salades et des accompagnements. Même les desserts peuvent se préparer au barbecue.

QUEL BARBECUE POUR QUEL USAGE ?

Nul besoin de disposer d'un barbecue sophistiqué pour réaliser des grillades irrésistibles – vous pourriez cependant être tenté d'investir dans du matériel plus conséquent, après avoir essayé quelques-unes de ces recettes.

Le barbecue est simplement une grille posée sur un foyer ouvert, sur laquelle cuisent les aliments. Vous pouvez construire un barbecue de fortune avec quelques briques et une vieille grille de four, ou même du grillage. Vous trouverez dans le commerce des barbecues de toutes dimensions, du petit caisson à usage unique jusqu'aux modèles à gaz sur roues.

Comme leur nom l'indique, les **barbecues portables et semi-portables** sont généralement de petite taille, avec des pieds pliants ou fixes. Si vous utilisez un petit modèle et cuisinez pour beaucoup de monde, faites cuire la nourriture par rotation, de manière à ce que les invités puissent attaquer le premier plat pendant que la suite est sur le feu.

La plupart des **barbecues-braseros**, avec leur long piètement et leur déflecteur de vent, sont légers et transportables. Certains modèles vous permettent d'ajuster la hauteur de la grille, alors que d'autres sont munis d'une rôtissoire intégrée.

Les **barbecues couverts** sont indispensables, si vous voulez faire cuire de gros morceaux de viande. Le couvercle fermé permet de faire monter la température de cuisson, agissant de fait comme un four. Les grilles d'aération permettent de contrôler la température. Sans leur couvercle, ils fonctionnent de la même manière que les barbecues traditionnels.

Les **barbecues à roulettes** sont plus gros et plus sophistiqués. Ils sont souvent dotés d'une surface de travail.

Les barbecues **électriques ou à gaz** utilisent des briques de pierre volcanique, ce qui n'a aucune incidence sur le goût des grillades : ces dernières tirent en effet leurs saveurs des graisses et des jus qui se consument sur le charbon, et non du combustible lui-même.

MATÉRIEL

A part le barbecue lui-même, vous n'aurez besoin d'aucun matériel particulier, mais armez-vous d'une paire de

maniques. **Les ustensiles à long manche** sont également très utiles et plus sûrs. Ils sont peu onéreux et, si vous cuisinez régulièrement au barbecue, l'achat d'un jeu complet sera un bon investissement. Les **grilles** à hamburger, à saucisse et à poisson sont pratiques, mais pas indispensables.

Vous aurez besoin de **brochettes**, si vous voulez faire des kébabs. Les *brochettes en métal* seront plates pour éviter que les aliments ne glissent pendant la cuisson. N'oubliez pas que les brochettes métalliques deviennent brûlantes pendant la cuisson – portez des gants de cuisine, ou utilisez des *pinces* pour les retourner. Les *brochettes en bois* coûtent beaucoup moins cher, mais ne durent pas toujours très longtemps. Faites-les tremper dans de l'eau froide au moins 30 minutes avant de les utiliser, pour éviter qu'elles ne brûlent lorsqu'elles sont sur le barbecue, et couvrez-en les extrémités exposées avec des morceaux de papier aluminium.

Un **vaporisateur d'eau** vous servira à refroidir les braises ou à éteindre les flammes intempestives.

ALLUMER UN BARBECUE

Le **charbon de bois** est le matériau le plus utilisé, mais vous pouvez également vous servir de morceaux de bois. Le charbon se vend sous forme de morceaux irréguliers ou de *briquettes* qui brûlent plus longtemps et dégagent une chaleur uniforme, mais sont plus difficiles à allumer.

Allumez le barbecue au moins une heure avant de commencer les grillades. Remplissez le fond du réservoir de charbon, et utilisez un allume-barbecue liquide ou solide. Les allume-feu ménagers donnent un goût désagréable aux aliments. N'utilisez jamais de pétrole ou d'essence pour allumer le barbecue – leur utilisation mal maîtrisée peut s'avérer très dangereuse.

Le barbecue est prêt lorsque les flammes sont éteintes et les braises recouvertes de cendre blanche. Il faut alors les étaler en une couche uniforme.

PRÉPARATION

Avant de commencer la cuisson, huilez la grille pour que les aliments n'y adhèrent pas. Effectuez cette opération loin du barbecue pour éviter que l'huile ne s'enflamme en tombant sur la braise. Pour la plupart des grillades, positionnez la grille à environ 7,5 cm des braises, ou plus haut si vous voulez ralentir la cuisson. Si vous ne pouvez pas ajuster la hauteur de la grille, étalez la braise ou déplacez les grillades vers le bord de la grille, où la température est moins élevée.

Si votre barbecue dispose de prises d'air, utilisez-les pour contrôler la chaleur – ouvrez-les pour augmenter la température, et refermez-les pour la faire baisser.

Il est difficile de donner des temps de cuisson précis pour le barbecue. Les temps donnés dans les recettes de ce livre ne sont qu'indicatifs. Vérifiez que les aliments soient assez cuits avant de les servir.

Le poisson & les fruits de mer

Le poisson révèle de merveilleuses saveurs au barbecue (gril). Ce chapitre plein d'idées vous emmène du simple poisson grillé aux papillotes marinées aux épices et aux kébabs. Les poissons gras s'accommodent particulièrement bien de la cuisson au barbecue (gril), parce que leur chair ne se dessèche pas à la chaleur. Les poissons blancs gagneront à être marinés ou badigeonnés s'ils cuisent directement sur la grille, mais les poissons plus petits peuvent cuire dans leur peau, qui les protège d'une chaleur trop intense. Faites cuire les darnes de poisson marinées au barbecue (gril), ou arrosez-les de sauce directement sur la grille.

Choisissez un poisson à chair ferme qui ne se désintègrera pas lorsque vous le retournerez. Vous pouvez aussi vous procurer une grille à charnière pour faciliter ces manœuvres. Pour les brochettes, il est essentiel d'utiliser un poisson ferme, comme la lotte, ou d'envelopper les poissons plus délicats de papier aluminium, pour qu'ils cuisent dans leur jus. Les fruits de mer sont idéals pour les barbecues impromptus : ils cuisent rapidement et ne doivent pas mariner trop longtemps. La préparation et la cuisson des brochettes de crevettes ne prend, par exemple, que quelques minutes.

Cabillaud aux épices à l'indonésienne

La garniture aromatique fait tout le charme de cette grillade. Servez-la avec une salade et du pain croustillant.

Pour 4 personnes

INGRÉDIENTS

- 4 darnes de cabillaud
- 1 tige de citronelle
- 1 petit oignon rouge haché
- 3 gousses d'ail hachées
- 2 piments rouges frais épépinés et hachés
- 1 cuil. à café de gingembre (frais) râpé
- 1/4 de cuil. à café de curcuma
- 2 cuil. à soupe de beurre en petits cubes
- 8 cuil. à soupe de lait de noix de coco en boîte
- 2 cuil. à soupe de jus de citron
- sel et poivre
- quelques piments rouges, pour garnir (facultatif)

1 Rincez les darnes de cabillaud et égouttez-les sur du papier absorbant.

2 Ôtez les feuilles extérieures de la citronelle et coupez la partie intérieure en fines rondelles.

3 Passez la citronelle, l'oignon, l'ail, le piment, le gingembre et le curcuma au mixeur, jusqu'à ce que tous les ingrédients soient finement hachés. Salez et poivrez à volonté.

4 Le mixeur en marche, ajoutez le beurre, le lait de coco et le jus de citron, et mixez jusqu'à ce que le mélange soit homogène.

5 Placez le poisson dans un plat non métallique peu profond. Versez-y dessus le mélange à la noix de coco et retournez le poisson, de manière à ce qu'il soit bien enduit.

6 Mettez le poisson dans une grille à charnière si vous en avez une. Cela vous facilitera les manipulations. Faites cuire 15 minutes sur des braises ardentes ou jusqu'à ce que le poisson soit bien cuit, en le retournant une fois. Servez avec les piments rouges selon votre goût.

MON CONSEIL

Si vous préférez des plats moins épicés, omettez le piment. Pour plus de piquant, n'enlevez pas les graines des piments.

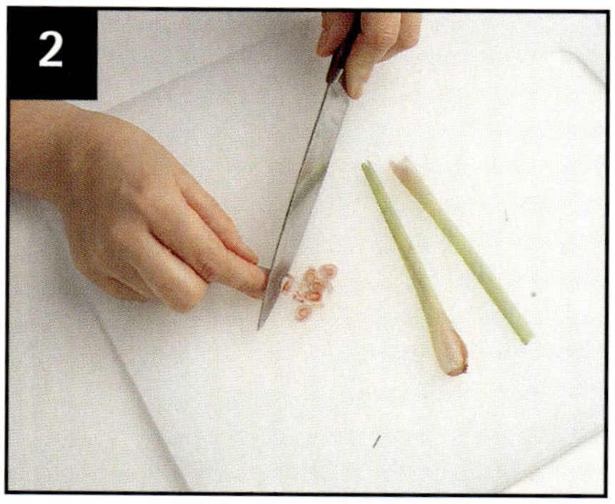

Poisson noirci

L'adjectif "noirci" fait référence à la marinade épicée, qui carbonise légèrement sur le poisson, pendant la cuisson. Choisissez un poisson à chair ferme, comme du merlu ou du flétan.

Pour 4 personnes

INGRÉDIENTS

- 4 darnes de poisson blanc
- 1 cuil. à soupe de paprika
- 1 cuil. à café de thym déshydraté
- 1 cuil. à café de poivre de cayenne
- 1 cuil. à café de poivre noir fraîchement moulu
- 1/2 cuil. à café de poivre blanc fraîchement moulu
- 1/2 cuil. à café de sel
- 1/2 cuil. à café de quatre-épices
- 50 g de beurre doux
- 3 cuil. à soupe d'huile de tournesol

1 Rincez les tranches de poisson et séchez-les soigneusement sur du papier absorbant.

2 Mélangez dans un plat peu profond le paprika, le thym, le poivre de cayenne, le poivre noir, le poivre blanc, le sel et le quatre-épices.

3 Mettez le beurre et l'huile dans une petite casserole et chauffez, en remuant de temps à autre, jusqu'à ce que le beurre fonde.

4 A l'aide d'un pinceau, badigeonnez toutes les faces des tranches de poisson avec le mélange de beurre fondu.

5 Plongez le poisson dans le mélange d'épices, retournez-le de manière à ce qu'il soit bien enduit.

6 Faites cuire le poisson 10 minutes par face au-dessus de braises ardentes, en le retournant une fois. Arrosez régulièrement de beurre fondu en cours de cuisson.

MON CONSEIL

Badigeonnez le poisson avec le mélange beurre-huile pendant la cuisson, pour éviter qu'il ne se dessèche.

VARIANTE

Vous pouvez utiliser un poisson entier – un rouget par exemple – plutôt que des darnes. L'assaisonnement épicé peut également servir à napper du poulet.

2

4

5

Brochettes de lotte aux courgettes et au citron

Un repas léger et complet avec ces délicieux kébabs badigeonnés d'une simple sauce.

Pour 4 personnes

INGRÉDIENTS

450 g de queue de lotte
2 courgettes
1 citron
12 tomates cerises
8 feuilles de laurier

SAUCE :
4 cuil. à soupe d'huile d'olive
2 cuil. à soupe de jus de citron
1 cuil. à café de thym frais haché
1/2 cuil. à café de poivre au citron
sel

ACCOMPAGNEMENT :
feuilles de salade verte
pain frais croustillant

1 Découpez la lotte en morceaux de 5 cm. Coupez les courgettes en rondelles épaisses et le citron en quartiers.

2 Enfilez la lotte, les courgettes, le citron, les tomates et les feuilles de laurier sur 4 brochettes.

3 Pour la sauce, mélangez dans un bol l'huile, le jus de citron, le thym et le poivre au citron. Salez à volonté.

4 Badigeonnez généreusement le poisson, le citron, les tomates et les feuilles de laurier de sauce.

5 Faites cuire les brochettes environ 15 minutes au barbecue en badigeonnant régulièrement de sauce, jusqu'à ce que le poisson soit cuit.

6 Servez les kébabs avec des feuilles de salade verte et du pain frais croustillant et chaud.

VARIANTE

Utilisez des filets de carrelet (flet) au lieu de la lotte, si vous préférez. Comptez deux filets par personne. Enlevez la peau, et coupez chaque filet en deux dans le sens de la longueur. Enroulez chaque morceau et embrochez.

Brochettes de lotte à la noix de coco et à la coriandre

Un kébab délicieux avec une marinade légère.
Faites mariner les brochettes au moins une heure avant la cuisson.

Pour 4 personnes

INGRÉDIENTS

450 g de queue de lotte
225 g de crevettes crues décortiquées
noix de coco (râpée) séchée et grillée, pour garnir (facultatif)

MARINADE :
1 cuil. à café d'huile de tournesol
½ petit oignon finement râpé
1 cuil. à café de rhizome de gingembre frais, râpé
150 ml de lait de coco en boîte
2 cuil. à soupe de coriandre fraîche hachée

1 Pour la marinade, faites chauffer l'huile dans un wok (sauteuse à large bord) ou une casserole, et faites-y revenir l'oignon et le gingembre à feu doux pendant cinq minutes, sans les laisser se dorer.

2 Ajoutez le lait de coco et portez à ébullition. Faites cuire à gros bouillon pendant 5 minutes environ, ou jusqu'à ce que le mélange se soit réduit et ait la consistance d'une crème liquide.

3 Ôtez la casserole du feu et laissez refroidir complètement. Ajoutez ensuite la coriandre, remuez et versez dans un plat peu profond.

4 Découpez le poisson en petits morceaux et incorporez-le avec précaution au mélange à la noix de coco avec les crevettes. Laissez refroidir au réfrigérateur pendant 1 à 4 heures.

5 Embrochez le poisson et les crevettes et jetez le reste de la marinade. Faites cuire les brochettes au barbecue (gril) de 10 à 15 minutes au-dessus de braises ardentes, en les retournant régulièrement. Servez avec la noix de coco grillée (facultatif).

VARIANTE

Vous trouverez des crevettes crues en grande surface, dans les bacs congélation. Vous pouvez autrement utiliser des crevettes cuites qui n'auront besoin que d'être réchauffées.

2

3

5

Darnes de thon grillées

Le thon est un poisson à chair ferme idéal pour la cuisson au barbecue (gril), qui peut légèrement se dessécher s'il n'est pas préalablement mariné.

Pour 4 personnes

INGRÉDIENTS

4 darnes de thon
3 cuil. à soupe de sauce de soja
1 cuil. à soupe de sauce de Worcestershire
1 cuil. à café de moutarde à l'ancienne
1 cuil. à café de sucre en poudre extra fin
1 cuil. à soupe d'huile de tournesol
salade verte pour garnir

GARNITURE :
persil à feuilles plates
quartiers de citron

1 Mettez les darnes de thon dans un plat peu profond.

2 Dans un petit bol, mélangez la sauce de soja, la sauce de Worcestershire, la moutarde, le sucre et l'huile. Versez la marinade sur les darnes de thon.

3 Retournez délicatement les darnes avec vos doigts ou une fourchette, de manière à ce qu'elles soient bien recouvertes de marinade.

4 Couvrez et mettez les darnes de thon au réfrigérateur pour refroidir pendant une demi-heure à 2 heures.

5 Faites cuire le poisson mariné au barbecue (gril) de 10 à 15 minutes au-dessus de braises ardentes, en les retournant une fois. Badigeonnez fréquemment avec le reste de marinade.

6 Garnissez de persil à feuilles plates et de quartiers de citron, et servez avec de la salade verte.

MON CONSEIL

Si une marinade contient de la sauce de soja, le temps de marinade ne doit pas habituellement dépasser deux heures. S'il reste à mariner trop longtemps, le poisson se dessèchera et durcira.

MON CONSEIL

Le thon est doté d'une chair rouge sombre qui s'éclaircit à la cuisson, et d'une bonne consistance proche de celle de la viande. Si vous n'en trouvez pas, vous pouvez le remplacer par des darnes d'espadon.

2

3
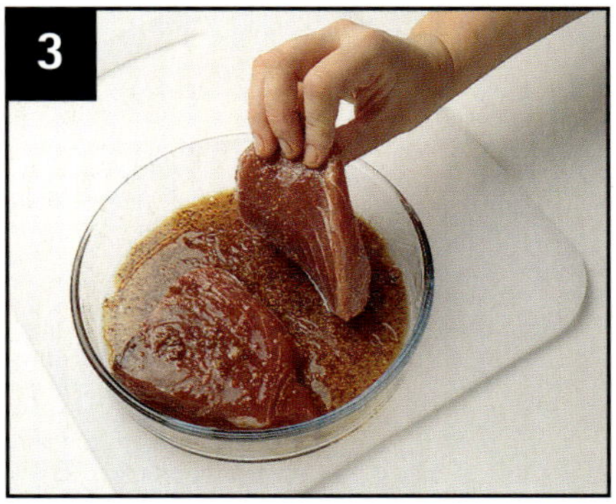

5

Daurade grillée

La daurade a des écailles assez résistantes qu'il faut enlever avant la cuisson. Demandez à votre poissonnier de le faire pour vous. Comptez une daurade par personne.

Pour 2 personnes

INGRÉDIENTS

Deux petites daurades écaillées, vidées, coupées et nettoyées
2 rondelles de citron
2 feuilles de laurier
sel et poivre

ASSAISONNEMENT DE CUISSON :
4 cuil. à soupe d'huile d'olive
2 cuil. à soupe de jus de citron
1/2 cuil. à café d'origan frais haché
1/2 cuil. à café de thym frais haché

GARNITURE :
feuilles de laurier fraîches
branche de thym frais
quartiers de citron

1 A l'aide d'un couteau tranchant, faites deux ou trois incisions profondes sur les côtés des deux poissons, pour qu'ils absorbent mieux les arômes de la sauce.

2 Insérez une tranche de citron et une feuille de laurier dans chaque poisson, et assaisonnez l'intérieur de sel et de poivre.

3 Dans un petit bol, mélangez à la fourchette les ingrédients de l'assaisonnement. Vous pouvez également les mettre dans un bocal à couvercle hermétique et agiter pour bien mélanger.

4 A l'aide d'un pinceau, badigeonnez généreusement les poissons d'assaisonnement, puis mettez-les sur une grille au-dessus de braises ardentes. Laissez cuire au barbecue (gril) de 20 à 30 minutes, en les retournant et en les arrosant régulièrement d'assaisonnement.

5 Transférez les poissons dans des assiettes, garnissez de feuilles de laurier frais, de thym et de quartiers de citron puis servez.

VARIANTE

Vous pouvez également utiliser des poissons comme la barbue ou le grondin.

MON CONSEIL

La saveur du poisson sera rehaussée si vous utilisez des ingrédients frais pour l'assaisonnement. Lorsque vous utilisez des herbes déshydratées, souvenez-vous qu'elles sont plus fortes et divisez les quantités indiquées par deux.

Saumon Yakitori

Cette sauce japonaise se marie parfaitement au saumon, même si elle est généralement servie avec du poulet.

Pour 4 personnes

INGRÉDIENTS

350 g de filet de saumon, assez épais
8 jeunes poireaux

SAUCE YAKITORI :
5 cuil. à soupe de sauce de soja légère
5 cuil. à soupe de bouillon de poisson
2 cuil. à soupe de sucre en poudre extra fin
5 cuil. à soupe de vin blanc sec
3 cuil. à soupe de xérès doux
1 gousse d'ail écrasée

1 Enlevez la peau du saumon et découpez la chair en morceaux de 5 cm. Ne gardez que les blancs de poireau et coupez-les en sections de 5 cm.

2 Enfilez les morceaux de saumon sur des brochettes en bois prétrempées en alternant avec le poireau. Laissez refroidir au réfrigérateur.

3 Pour la sauce, mettez tous les ingrédients dans une petite casserole sur feu doux, et remuez jusqu'à dissolution complète du sucre. Portez à ébullition, puis réduisez le feu et laissez mijoter pendant 2 minutes. Passez la sauce et laissez-la refroidir.

4 Versez environ un tiers de la sauce dans un petit récipient de service, et réservez pour accompagner les kébabs.

5 Badigeonnez généreusement les brochettes de sauce, et faites-les cuire directement sur la grille ou sur un rectangle de papier aluminium huilé, placé sur la grille. Faites-les cuire au barbecue (gril) environ 10 minutes au-dessus de braises ardentes en les retournant une fois. Badigeonnez-les régulièrement de sauce pour éviter que le poisson et le poireau ne se dessèchent.

6 Servez les kébabs que l'on trempera dans la sauce réservée.

MON CONSEIL

Pour éviter qu'elles ne se brûlent pendant la cuisson, faites tremper les brochettes de bois dans de l'eau froide, pendant au moins une demi-heure. Vous pouvez préparer les kébabs et la sauce plusieurs heures à l'avance, et les conserver au réfrigérateur.

Brochettes de saumon

Ces délicieux kébabs ont le goût de l'été.
Servez-les sur une tranche de pain avec de la sauce de tomates fraîches.

Pour 4 personnes

INGRÉDIENTS

450 g de saumon sans la peau, découpé en gros morceaux
1 cuil. à soupe de farine de maïs
1/2 cuil. à café de sel
1/2 cuil. à café de poivre
1 petit blanc d'œuf battu
1 poivron rouge épépiné et découpé en morceaux
1 poivron vert épépiné et découpé en morceaux
4 cuil. à soupe d'huile d'olive
ciabatta (pain italien)

SAUCE TOMATE :
4 tomates épépinées et découpées en quartiers
1/4 de concombre épluché, épépiné et haché
8 feuilles de basilic
6 cuil. à soupe d'huile d'olive
2 cuil. à soupe de jus de citron
sel et poivre

1 Disposez le saumon dans un plat peu profond, et saupoudrez-le de farine de maïs. Salez et poivrez. Ajoutez le blanc d'œuf battu et mélangez soigneusement, pour bien enduire le saumon. Laissez refroidir au réfrigérateur pendant 15 minutes.

2 Enfilez les morceaux de saumon sur quatre brochettes en alternant avec les morceaux de poivron. Mettez les brochettes de côté pendant que vous préparez la sauce tomate.

3 Pour la sauce tomate, mettez tous les ingrédients dans un mixeur, et hachez grossièrement. Vous pouvez également hacher les tomates, le concombre et les feuilles de basilic à la main, puis les mélanger à l'huile d'olive, au jus de citron et à l'assaisonnement. Mettez à refroidir au réfrigérateur.

4 Faites cuire les brochettes de saumon pendant 10 minutes au-dessus de braises ardentes, en les badigeonnant régulièrement d'huile d'olive pour éviter qu'elles ne se dessèchent.

5 Coupez la ciabatta en biais pour obtenir 4 longues tranches. Faites griller légèrement au barbecue (gril).

6 Étalez la sauce sur les tranches de pain et recouvrez d'une brochette de saumon.

VARIANTE

Vous pouvez aussi servir les brochettes de saumon sur de la baguette grillée.

1

3

5

Carrelet (fret) grillé à la japonaise

Cette marinade présente des saveurs typiquement japonaises. Son goût subtil peut accompagner tous les poissons blancs.

Pour 4 personnes

INGRÉDIENTS

4 petits carrelets (fret)
6 cuil. à soupe de sauce de soja
2 cuil. à soupe de saké ou de vin blanc sec
2 cuil. à soupe d'huile de sésame
1 cuil. à soupe de jus de citron
2 cuil à soupe de sucre roux
1 cuil. à café de rhizome de gingembre frais, râpé
1 gousse d'ail écrasée

GARNITURE :
1 petite carotte
4 ciboules

1 Rincez le poisson et séchez-le soigneusement sur du papier absorbant. Faites quelques incisions sur chaque côté des poissons.

2 Mélangez la sauce de soja, le saké ou le vin, l'huile, le jus de citron, le sucre, le gingembre et l'ail dans un grand plat peu profond.

3 Mettez les poissons dans la marinade et retournez-les de manière à ce qu'ils soient bien enduits. Laissez au réfrigérateur pendant 1 à 6 heures.

4 Pendant ce temps, préparez la garniture. Coupez les carottes dans le sens de la longueur en bâtonnets fins et réguliers. Nettoyez et émincez les ciboules.

5 Faites cuire le poisson au barbecue (gril) pendant environ 10 minutes au-dessus de braises ardentes, en les retournant une fois.

6 Parsemez le poisson de carotte et de ciboule, puis disposez-le dans un plat de service. Servez sans attendre.

VARIANTE

Vous pouvez utiliser de la sole, au lieu du carrelet, et remplacer la carotte et les ciboules par des graines de sésame grillées.

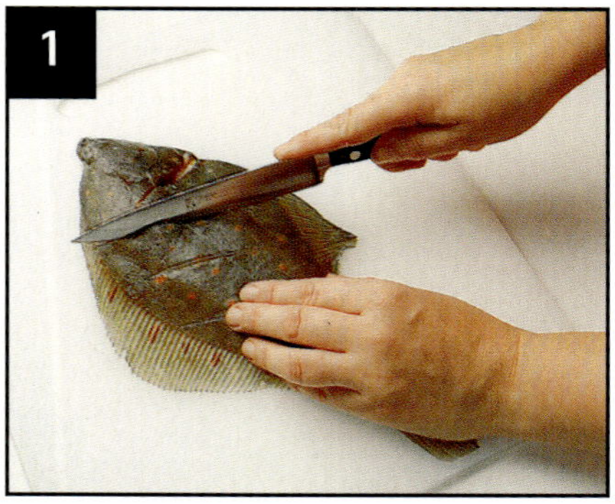

Brochettes de poisson fumé

L'association du poisson frais et du poisson fumé fait toute l'originalité de ces délicieux kébabs. Choisissez des filets épais, pour obtenir des morceaux de bonne taille.

Pour 4 personnes

INGRÉDIENTS

350 g de filet de haddock
350 g de filet de cabillaud
8 grosses crevettes crues
8 feuilles de laurier
aneth frais, pour garnir (facultatif)

MARINADE :
4 cuil. à soupe d'huile de tournesol
2 cuil. à soupe de jus de citron ou de citron vert
zeste d'un demi-citron ou d'un demi-citron vert
1/4 cuil. à café d'aneth déshydraté

1 Ôtez la peau du haddock et du cabillaud, puis découpez-les en gros dés. Décortiquez-les crevettes en laissant la queue.

2 Pour la marinade, mélangez dans un plat non métallique peu profond l'huile de tournesol, le jus de citron ou de citron vert, le zeste de citron ou de citron vert, l'aneth déshydraté. Salez et poivrez selon le goût.

3 Mettez les morceaux de poisson dans la marinade, et retournez-les de manière à ce qu'ils soient bien enduits. Laissez mariner pendant 1 à 4 heures.

4 Enfilez le poisson sur 4 brochettes, en alternant les deux types de poisson avec les crevettes et les feuilles de laurier.

5 Recouvrez la grille d'une feuille d'aluminium légèrement huilée. Posez-y dessus les brochettes.

6 Faites-les cuire au barbecue (gril) de 5 à 10 minutes au-dessus de braises ardentes, en les arrosant avec le reste de marinade et en ne les retournant qu'une fois.

7 Garnissez d'aneth frais et servez.

MON CONSEIL

Les filets de cabillaud et d'haddock ont tendance à se défaire. C'est pourquoi il faut choisir des morceaux épais qui seront plus faciles à découper. Recouvrir la grille de papier aluminium vous permet de récupérer le poisson qui pourrait se détacher de la brochette.

3

4

5

Maquerau grillé à l'abricot

Le glaçage à l'abricot contraste avec la richesse du poisson, et est rehaussé d'une délicieuse pointe de gingembre.

Pour 4 personnes

INGRÉDIENTS

4 maquereaux
400 g d'abricots au naturel en boîte
3 cuil. à soupe de sucre brun
3 cuil. à soupe de sauce de Worcestershire
3 cuil à soupe de sauce de soja
2 cuil. à café de concentré de tomate
1 cuil. à café de gingembre moulu
1 goutte de Tabasco
1 gousse d'ail écrasée (facultatif)
sel et poivre

1 Nettoyez et videz les maquereaux, coupez les têtes si vous le souhaitez. Mettez les poissons dans un plat peu profond.

2 Égouttez les abricots en conservant le jus. Hachez-en grossièrement la moitié que vous réserverez.

3 Passez le reste des abricots au mixeur avec le sucre, la sauce de Worcestershire, la sauce de soja, le concentré de tomate, le gingembre, le Tabasco et l'ail (si utilisé) jusqu'à obtention d'un mélange onctueux. Vous pouvez également hacher les abricots à la main et les mélanger aux autres ingrédients.

4 Versez la sauce sur les poissons en les retournant pour qu'ils soient bien enduits. Laissez refroidir au réfrigérateur jusqu'au moment voulu.

5 Transférez les maquereaux sur le barbecue (gril) soit directement sur la grille, soit sur une feuille d'aluminium huilée. Faites cuire de 5 à 7 minutes au-dessus de braises ardentes, en les retournant une fois.

6 Transvasez le reste de marinade dans une casserole, ajoutez-y les abricots hachés et environ la moitié du jus d'abricot réservé. Portez à ébullition, puis réduisez le feu et laissez mijoter 2 minutes.

7 Disposez les maquereaux dans un plat de service, et servez avec la sauce à l'abricot.

MON CONSEIL

Utilisez une double-grille à charnière, si vous en avez une. Elle vous facilitera les manipulations pendant la cuisson.

2

3

6

Maquereau au citron vert et à la coriandre

Des saveurs simples et fraîches qui se marient parfaitement au poisson.

Pour 4 personnes

INGRÉDIENTS

4 petits maquereaux
1/4 de cuil. à café de coriandre moulue
1/4 de cuil. à café de cumin moulu
4 tiges de coriandre fraîche
3 cuil. à soupe de coriandre fraîche hachée
1 piment rouge épépiné et haché
zeste et jus d'un citron vert
2 cuil. à soupe d'huile de tournesol
sel et poivre
1 citron vert pour garnir
fleurs de piment pour garnir (facultatif)
feuilles de salade en accompagnement

1 Pour faire les fleurs de piment (facultatif), coupez un petit piment dans le sens de la longueur en fines lanières, en partant de l'extrémité et en s'arrêtant avant la queue. Ôtez les graines et mettez le piment dans de l'eau glacée pour qu'il s'enroule.

2 Nettoyez et videz les maquereaux en coupant la tête si vous le souhaitez. Placez-les sur une planche à découper.

3 Parsemez le poisson avec les épices moulues, salez et poivrez à volonté. Mettez une tige de coriandre à l'intérieur de chaque poisson.

4 Dans un petit bol, mélangez la coriandre hachée, le piment, le zeste et le jus de citron vert et l'huile. À l'aide d'un pinceau, badigeonnez généreusement les poissons de ce mélange.

5 Disposez les poissons sur une grille, à charnière si possible. Faites cuire le poisson au-dessus de braises ardentes pendant 3 à 4 minutes de chaque côté, en les retournant une fois. Badigeonnez régulièrement avec le reste de mélange

6 Garnissez avec les rondelles de citron vert et les fleurs de piment. Servez accompagné de feuilles de salade.

VARIANTE

Cette recette est particulièrement adaptée aux autres poissons gras, comme la truite ou la sardine.

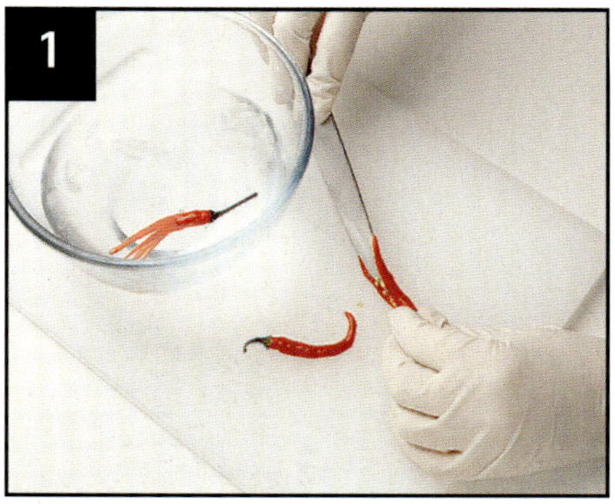

Sardines à la méditerranéenne

Ces délicieuses sardines ont une goût de vacances au soleil.
Servez-les en entrée, avec du pain bis croustillant.

Pour 4 personnes

INGRÉDIENTS

8-12 sardines fraîches
8-12 branches de thym frais
3 cuil. à soupe de jus de citron
4 cuil. à soupe d'huile d'olive
sel et poivre

GARNITURE :
quartiers de citron
rondelles de tomate
fines herbes

1 Nettoyez et videz les poissons, si le poissonier ne l'a déjà fait.

2 Écaillez les sardines en leur passant le dos d'un couteau sur le corps, à partir de la tête. Lavez et séchez les sardines sur du papier absorbant.

3 Mettez une tige de thym dans chaque sardine.

4 Disposez les sardines dans un grand plat non métallique. Salez et poivrez à volonté.

5 Mélangez dans un bol le jus de citron et l'huile, et versez ce mélange sur les sardines. Laissez mariner au réfrigérateur pendant environ une demi-heure.

6 Retirez les sardines de la marinade et disposez-les dans un panier à barbecue, ou sur une grille. Faites-les cuire de chaque côté au barbecue (gril) pendant 3 à 4 minutes au-dessus de braises ardentes, en les arrosant regulièrement du reste de marinade.

7 Servez les sardines garnies des quartiers de citron, des tranches de tomate et des fines herbes.

MON CONSEIL

Achetez de petites sardines ou des sprats et préparez-les avec la même marinade. Disposez les poissons sur une feuille d'aluminium huilée, et faites-les cuire de 2 à 3 minutes par face, au-dessus de braises ardentes.

VARIANTE

Pour une saveur et une consistance légèrement différentes, enrobez les sardines de chapelure fraîche et arrosez-les ensuite d'huile d'olive, pour obtenir une garniture croustillante.

2

3

6

Truite farcie aux noix

Préparez les poissons juste avant la cuisson.
Vous pouvez également les faire cuire en papillote.

Pour 4 personnes

INGRÉDIENTS

4 truites moyennes nettoyées
2 cuil. à soupe d'huile de tournesol
1 petit oignon finement émincé
50 g d'un mélange de noix finement hachées et grillées
zeste d'une orange
2 cuil. à soupe de jus d'orange
75 g de chapelure fraîche de pain bis
1 œuf moyen battu
un peu d'huile
sel et poivre
tranches d'orange (garniture)
salade de cresson et d'orange (accompagnement)

1 Salez et poivrez l'intérieur et l'extérieur des truites.

2 Pour la farce, faites chauffer l'huile dans une petite casserole. Y faire fondre l'oignon. Enlevez la casserole du feu et ajoutez-y le mélange de noix hachées, le zeste d'orange et la chapelure. Ajoutez-y juste suffisamment d'œuf battu pour lier le mélange.

3 Divisez la farce en quatre portions égales. Farcissez-en les truites à l'aide d'une cuillère.

4 Badigeonnez généreusement les poissons avec l'huile, et faites-les cuire au barbecue (gril) pendant 10 minutes de chaque côté, au-dessus de braises ardentes, en les retournant une fois. Lorsque le poisson est cuit sa chair est blanche et ferme et la peau commence à se dorer.

5 Transférez les poissons sur un plat de service et garnissez de tranches d'orange.

6 Servez le poisson accompagné d'une salade de cresson et d'orange, avec une vinaigrette à la moutarde et à l'orange (voir Mon Conseil, à droite).

MON CONSEIL

Servez les truites farcies avec une salade de cresson et d'orange. Pour la vinaigrette, mélangez 2 cuil. à soupe de jus d'orange, 1 cuil. à soupe de vinaigre de vin blanc, 3 cuil. à soupe d'huile d'olive, $^1/_2$ cuil. à café de moutarde à l'ancienne. Salez et poivrez à volonté. Versez la sauce sur la salade de cresson et d'orange juste avant de servir.

Hareng grillé au citron

La cuisson en papillote préserve le fondant du poisson.
Un plat idéal en entrée.

Pour 4 personnes

INGRÉDIENTS

4 harengs nettoyés
4 feuilles de laurier
sel
1 citron coupé en rondelles
50 g de beurre doux
2 cuil. à soupe de persil frais haché
1/2 cuil. à café de poivre au citron
pain frais croustillant pour servir

1 Assaisonnez selon le goût l'intérieur et l'extérieur des harengs avec du sel fraîchement moulu.

2 Insérez une feuille de laurier dans chaque poisson.

3 Placez quatre carrés de papier aluminium sur le plan de travail, et répartissez les rondelles de citron entre les quatre papillotes.

4 Travaillez le beurre jusqu'à ce qu'il soit onctueux, puis ajoutez-y le persil et le poivre au citron. Étalez généreusement ce beurre aromatisé sur toute la surface des poissons.

5 Enveloppez étroitement le poisson dans le papier aluminium, et faites-le cuire au barbecue (gril) de 15 à 20 minutes au-dessus de braises moyennes à ardentes, ou jusqu'à ce qu'il soit bien cuit – la chair doit être blanche et ferme au toucher (ouvrez la papillote pour vérifier, puis refermez-la).

6 Disposez les papillotes sur des assiettes chaudes, et servez avec le pain frais et croustillant pour recueillir le jus de cuisson délicieusement parfumé.

VARIANTE

En guise de plat principal, remplacez les harengs par des truites que vous ferez cuire de 20 à 30 minutes, jusqu'à ce que la chair soit opaque et ferme au toucher.

3

4

5

Sardines aux olives et aux tomates

Les tomates, relevées de basilic et d'olives, transforment de simples sardines en un délicieux repas.

Pour 4 personnes

INGRÉDIENTS

12 sardines fraîches, vidées et nettoyées
feuilles de basilic frais
4 tomates oblongues
8 olives noires dénoyautées

15 g de beurre
1 cuil. soupe d'huile d'olive
2 cuil. à soupe de jus de citron
sel et poivre

GARNITURE :
tomates oblongues coupées en rondelles
olives coupées en rondelles
1 tige de basilic frais

1 Salez et poivrez l'intérieur et l'extérieur des sardines. Placez 1 où 2 feuilles de basilic dans chaque sardine. Avec un couteau tranchant, faites quelques incisions sur chaque côté des poissons.

2 Coupez les tomates et les olives en rondelles. Mettez-les dans un saladier. Déchiquetez 4 feuilles de basilic en petits morceaux, et mélangez-les aux tomates et aux olives.

3 Répartissez le mélange tomates-olives sur 4 grands morceaux de papier aluminium, et disposez 3 sardines par-dessus.

4 Dans une petite casserole, faites fondre le beurre mélangé à l'huile. Ajoutez-y le jus de citron, remuez et versez ce mélange sur le poisson.

5 Enveloppez soigneusement les sardines dans l'aluminium. Faites-les cuire au barbecue (gril) de 15 à 20 minutes au-dessus de braises moyennes à ardentes, jusqu'à ce que le poisson soit ferme et bien cuit.

6 Disposez le poisson dans des assiettes et enlevez le papier aluminium. Garnissez de rondelles de tomate et d'olive et de basilic frais. Servez sans attendre.

MON CONSEIL

Les incisions sur les sardines leur permettent d'absorber les arômes, ce qui est particulièrement important lorsque vous n'avez pas le temps de faire mariner le poisson, avant la cuisson.

VARIANTE

Vous pouvez faire griller des truites ou des maquereaux de la même façon, en allongeant toutefois le temps de cuisson de 20 à 30 minutes.

Brochettes de coquilles Saint-Jacques au bacon

Le bacon protège la chair délicate des coquilles Saint-Jacques de la chaleur intense, et leur permet de cuire sans durcir, tout en y ajoutant un arôme subtilement fumé.

Pour 4 personnes

INGRÉDIENTS

zeste et jus d'un demi-citron
4 cuil. à soupe d'huile de tournesol
$^1/_2$ cuil. à café de fenouil déshydraté
12 coquilles Saint-Jacques
1 poivron rouge
1 poivron vert
1 poivron jaune
6 fines tranches de bacon entrelardé

1 Mélangez le zeste et le jus de citron, l'huile et le fenouil dans un plat non métallique. Ajoutez-y les coquilles Saint-Jacques et mélangez soigneusement à la marinade. Laissez mariner de 1 à 2 heures.

2 Coupez en deux et ôtez les grains des poivrons rouge, vert et jaune. Découpez les moitiés de poivron en morceaux de 2,5 cm et réservez.

3 Ôtez soigneusement la couenne du bacon. Étirez les tranches de bacon avec le plat d'un couteau avant de les couper en deux.

4 Retirez les coquilles Saint-Jacques de la marinade dont vous réservez le reste pour la cuisson. Enroulez un morceau de bacon autour de chaque coquille Saint-Jacques.

5 Enfilez les coquilles Saint-Jacques sur les brochettes en intercalant les morceaux de poivrons.

6 Faites cuire les brochettes au barbecue (gril) pendant 5 minutes environ sur braises ardentes, en les arrosant régulièrement de la marinade de citron et d'huile.

7 Transférez les brochettes de coquilles Saint-Jacques au bacon dans des assiettes et servez immédiatement.

VARIANTE

Décortiquez de 4 à 8 crevettes crues, et faites-les mariner avec les coquilles Saint-Jacques. Faites vos brochettes en alternant les crevettes, les coquilles Saint-Jacques et les morceaux de poivron.

MON CONSEIL

Manipulez les brochettes avec des gants de cuisson lorsqu'elles sont sur le barbecue (gril).

Harengs farcis à l'orange et à l'estragon

Les poissons sont cuits en papillote au barbecue (gril), avec une farce parfumée à l'orange.

Pour 4 personnes

INGRÉDIENTS

1 orange
4 ciboules
50 g de chapelure fraîche de pain bis
1 cuil. à soupe d'estragon frais, haché

4 harengs nettoyés et vidés
sel et poivre
salade verte pour accompagner

GARNITURE :
2 oranges
1 cuil. à soupe de cassonade (sucre roux)
1 cuil. à soupe d'huile d'olive
branches d'estragon frais

1 Pour la farce, prenez le zeste d'une moitié d'orange.

2 Épluchez l'orange et hachez la pulpe sur une assiette, afin d'en extraire tout le jus.

3 Dans un bol, mélangez la pulpe, le zeste et le jus de l'orange avec les ciboules, la chapelure et l'estragon. Salez et poivrez à volonté.

4 Partagez la farce en quatre portions égales et farcissez-en l'intérieur des poissons.

5 Placez chaque poisson sur un carré de papier aluminium légèrement huilé, repliez de manière à ce que le poisson soit complètement enfermé. Faites cuire de 20 à 30 minutes au barbecue (gril) sur braises ardentes, ou jusqu'à ce que le poisson soit bien cuit – la chair doit être blanche et ferme au toucher.

6 Pendant ce temps, préparez la garniture. Épluchez et découpez les deux oranges en tranches fines. Saupoudrez de sucre. Juste avant la fin de la cuisson des poissons, mettez un peu d'huile sur les tranches d'orange, et placez-les 5 minutes sur le barbecue (gril) pour les faire réchauffer.

7 Disposez les poissons dans des assiettes, et garnissez de tranches d'orange grillées et de branches d'estragon. Servez accompagné d'une salade verte.

VARIANTE

Vous pouvez accommoder tous les poissons gras de cette manière – la truite et le maquereau sont idéals. Remplacez les oranges par des citrons pour varier les saveurs.

Crevettes à l'antillaise

Une recette idéale lorsque l'on ne trouve pas de crevettes crues.

Pour 4 personnes

INGRÉDIENTS

16 gambas cuites
1 petit ananas
noix de coco râpée pour garnir (facultatif)

MARINADE :
150 ml de jus d'ananas
2 cuil. à soupe de vinaigre de vin blanc
2 cuil. à soupe de sucre roux
2 cuil. à soupe de noix de coco (râpée) déshydratée

1 Si besoin, décortiquez les crevettes en laissant la queue si vous le souhaitez.

2 Épluchez l'ananas et coupez-le en deux dans le sens de la longueur. Découpez une des moitiés en quartiers puis en dés.

3 Pour la marinade, mélangez dans un plat non métallique peu profond la moitié du jus d'ananas, le vinaigre, le sucre et la noix de coco. Ajoutez-y les crevettes décortiquées et les morceaux d'ananas, et mélangez bien. Laissez mariner au moins 30 minutes.

4 Enlevez l'ananas et les crevettes de la marinade et enfilez-les sur les brochettes. Réservez la marinade.

5 Filtrez la marinade puis transférez-la dans le bol d'un mixeur. Découpez grossièrement le reste de l'ananas et ajoutez-le au mixeur avec le reste de jus d'ananas. Mixer quelques secondes pour obtenir une sauce épaisse.

6 Versez la sauce dans une petite casserole. Portez à ébullition puis laissez cuire 5 minutes à feu doux, sur le gaz ou au bord de la grille si vous préférez.

7 Disposez les kébabs sur le barbecue et badigeonnez-les de sauce. Faites-les cuire 5 minutes jusqu'à ce qu'ils soient brûlants. Retournez-les en les badigeonnant de sauce de temps à autre. Servez séparément accompagné de la sauce parsemée de noix de coco déshydratée (facultatif).

MON CONSEIL

Attention au temps de cuisson. S'il est trop long, les crevettes durcissent.

Crevettes aux herbes et à l'ail

Vous trouverez des crevettes crues congelées en grande surface ou dans les épiceries orientales.

Pour 4 personnes

INGRÉDIENTS

350 g de crevettes crues décortiquées
2 cuil. à soupe de persil frais haché
4 cuil. à soupe de jus de citron
2 cuil. à soupe d'huile d'olive
65 g de beurre
2 gousses d'ail hachées
sel et poivre

1 Dans un plat non métallique peu profond, mettez les crevettes préparées avec le persil et le jus de citron. Salez et poivrez à volonté. Laissez mariner au moins 30 minutes dans le mélange d'herbes.

2 Dans une petite casserole, chauffez l'huile et le beurre, avec l'ail, jusqu'à ce que le beurre fonde. Remuez pour bien mélanger.

3 Avec une écumoire, retirez les crevettes de la marinade et mettez-les dans la casserole contenant le beurre à l'ail. Remuez avec soin jusqu'à ce qu'elles soient bien enduites, puis enfilez-les sur les brochettes.

4 Faites cuire les kébabs au barbecue (gril) de 5 à 10 minutes sur braises ardentes. Retournez-les plusieurs fois jusqu'à ce que les crevettes soient bien cuites (couleur rose). Pendant la cuisson, badigeonnez les crevettes avec le reste de beurre à l'ail.

5 Transférez les kébabs de crevettes aux herbes et à l'ail sur des assiettes, versez-y dessus le reste du beurre à l'ail et servez immédiatement.

VARIANTE

Si vous ne trouvez pas de crevettes crues utilisez des crevettes cuites, mais réduisez le temps de cuisson. Les petites crevettes cuites peuvent cuire en papillote plutôt qu'en brochette. Faites-les mariner puis roulez-les dans le beurre à l'ail. Enveloppez-les de papier aluminium et faites-les cuire environ 5 minutes, en agitant les papillotes une fois ou deux.

2

3

4

La volaille

La volaille est une viande qui se prête à de nombreuses variantes, au barbecue (gril). Aux fines herbes et à l'ail, glaçée de sauces piquantes ou d'épices orientales, elle s'accommode également de glaçages doux et de fruits.

Le poulet est idéal pour le barbecue, car sa peau croustillante permet de préserver le fondant de la chair. Il faut cependant toujours s'assurer de bien cuire la volaille. Vérifiez la cuisson en piquant la viande avec une brochette à l'endroit le plus épais – le jus qui s'écoule ne doit pas contenir de sang. Pour éviter de brûler la peau sans cuire la chair, faites griller la volaille sur braises moyennes. Mettez la grille à environ 10 cm des braises. Vous devez pouvoir mettre la main juste au-dessus de la grille pendant 5 secondes. Si la température est trop élevée, étalez les braises ou remontez la grille. Par contre, si elle est trop basse, le poulet mettra trop de temps à cuire et se dessèchera.

La dinde a un peu tendance à se dessécher. C'est pourquoi il faut la badigeonner régulièrement de marinades ou de glaçages. La canette a un goût plus prononcé que le poulet ou la dinde. Elle est aussi plus grasse et supporte fort bien la cuisson au barbecue (gril). Les gros morceaux de volaille seront précuits à l'eau, au four ou au four à micro-ondes, puis grillés au barbecue (gril).

Poulet Jerk

C'est peut-être le plus connu des plats antillais. Le terme 'jerk' (qui signifie en anglais secousse) désigne la sauce épicée dont on recouvre le poulet.

Pour 4 personnes

INGRÉDIENTS

4 morceaux de poulet
1 botte de ciboules, blanches uniquement
1 ou 2 piments jamaïcains épépinés
1 gousse d'ail
5 cm de rhizome de gingembre frais, épluché et grossièrement haché
1/2 cuil. à café de thym séché
1/2 cuil. à café de paprika
1/4 cuil. à café de quatre-épices moulu
une pincée de cannelle moulue
une pincée de clous de girofle moulus
4 cuil. à soupe de vinaigre de vin blanc
3 cuil. à soupe de sauce de soja légère
poivre

1 Rincez les morceaux de poulet et séchez-les sur du papier absorbant. Mettez-les dans un plat peu profond.

2 Mettez dans le bol d'un mixeur les ciboules, les piments, l'ail, le gingembre, le thym, le paprika, le quatre-épices, la cannelle, les clous de girofle, le vinaigre de vin, la sauce de soja et du poivre selon votre goût, puis mixez pour obtenir un mélange homogène.

3 Versez ce mélange épicé sur le poulet. Retournez les morceaux de poulet de manière à ce qu'ils soient bien enrobés de marinade. Mettez au réfrigérateur et laissez mariner jusqu'à 24 heures.

4 Sortez le poulet de la marinade et faites-le cuire environ 30 minutes au barbecue (gril) sur des braises moyennes à ardentes, en le retournant et en l'arrosant plusieurs fois avec le reste de marinade, jusqu'à ce qu'il soit cuit.

5 Transférez les morceaux de poulet sur des assiettes et servez immédiatement.

MON CONSEIL

La cuisine jamaïcaine est de plus en plus populaire et l'on trouve désormais des marinades 'jerk' toutes prêtes, que vous pouvez utiliser pour gagner du temps. Laissez le poulet mariner aussi longtemps que possible.

VARIANTE

Utilisez des piments plus doux, ou au contraire, augmentez le nombre de piments.

Poulet grillé

Ces ailes de poulet glacées d'une simple sauce barbecue se préparent en quelques minutes – et ne manqueront pas de faire le délice de tous.

Pour 4 personnes

INGRÉDIENTS

8 ailes de poulet ou 1 poulet découpé en 8 morceaux
3 cuil. à soupe de concentré de tomates
3 cuil. à soupe de sauce brune relevée fruitée
1 cuil. à soupe de vinaigre de vin blanc
1 cuil. à soupe de miel liquide
1 cuil. à soupe d'huile d'olive
1 gousse d'ail écrasée (facultatif)
feuilles de salade pour servir

1 Enlevez la peau du poulet si vous souhaitez un plat moins gras.

2 Pour le glaçage, mettez dans un bol le concentré de tomates (pâte), la sauce brune fruitée, le vinaigre de vin blanc, le miel, l'huile et l'ail. Mélangez tous ces ingrédients jusqu'à ce qu'ils forment un mélange homogène.

3 Badigeonnez le poulet avec le glaçage obtenu, et faites-le cuire au barbecue (gril) de 15 à 20 minutes sur braises ardentes. Retournez les morceaux de poulet de temps à autre, et badigeonnez-les régulièrement avec la sauce. Si le poulet commence à se carboniser avant d'être cuit, remontez la grille ou déplacez-le sur une zone moins chaude, pour en ralentir la cuisson.

4 Transférez le poulet dans des assiettes chaudes et servez garni de salade.

VARIANTE

Cette sauce barbecue constitue également un excellent glaçage pour les côtes de porc.

MON CONSEIL

Lorsque la volaille est cuite sur des braises très chaudes, elle retient tous les jus de cuisson et gagne en saveur. Vous devez donc vous assurer que le barbecue (gril) est assez chaud avant de commencer la cuisson.

Pilons de poulet collants

Ces pilons sont toujours appréciés des enfants – prévoyez assez de serviettes pour essuyer les petites mains collantes ou préparez des rince-doigts, avec une tranche de citron.

Pour 10 personnes

INGRÉDIENTS

10 pilons de poulet
4 cuil. à soupe de marmelade d'orange à zestes très fins
1 cuil. à soupe de sauce de Worcestershire
zeste et jus d'une demi-orange
sel et poivre

ACCOMPAGNEMENT :
tomates cerises
feuilles de salade

1 Avec un couteau tranchant, faites deux ou trois incisions dans la chair de chaque pilon.

2 Portez une grande casserole d'eau à ébullition et plongez-y les pilons. Couvrez, et dès la reprise d'ébullition, faites cuire de 5 à 10 minutes. Sortez le poulet, égouttez-le soigneusement.

3 Pendant ce temps, préparez la sauce. Dans une petite casserole, faites cuire doucement la marmelade, la sauce de Worcestershire, le zeste et le jus d'orange. Salez et poivrez à volonté. Remuez jusqu'à ce que la marmelade fonde et que tous les ingrédients soient homogènes.

4 Badigeonnez cette sauce sur les pilons de poulet précuits, et transférez ces derniers sur le barbecue (gril). Faites-les griller 10 minutes environ au-dessus de braises ardentes, en les retournant et en les badigeonnant régulièrement avec le reste de sauce.

5 Avec précaution, embrochez 3 tomates cerises et faites-les griller de 1 à 2 minutes.

6 Transférez les pilons de poulet sur les assiettes. Servez avec les tomates cerises et un assortiment de feuilles de salade.

MON CONSEIL

Précuire le poulet permet de s'assurer qu'il soit bien cuit, tout en évitant qu'il ne le soit trop et brûlé à l'extérieur.

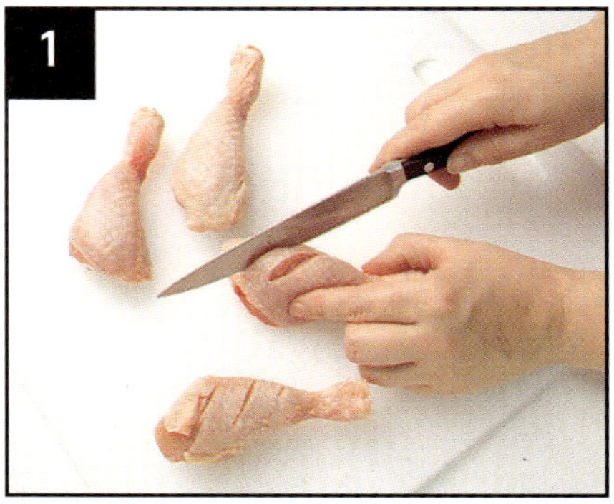

Poulet Tikka

Traditionnellement le poulet tikka cuit dans un four tandoori en argile, mais il supporte également bien le barbecue (gril).

Pour 6 personnes

INGRÉDIENTS

4 blancs de poulet sans peau et désossés
1/2 cuil. à café de sel
4 cuil. à soupe de jus de citron ou de citron vert

MARINADE :
150 ml de yaourt nature
2 gousses d'ail écrasées
2,5 cm de rhizome de gingembre épluché et râpé
1 cuil. à café de cumin moulu
1 cuil. à café de poudre de piment
1/2 cuil. à café de coriandre moulue
1/2 cuil. à café de curcuma moulu
huile ou beurre fondu pour badigeonner

SAUCE :
150 ml de yaourt nature
1 cuil. à café de sauce à la menthe

1 Découpez le poulet en dés de 2,5 cm. Salez-le et arrosez-le du jus de citron ou de citron vert. Laissez-le reposer environ 10 minutes.

2 Pour la marinade, mélangez soigneusement dans un petit bol le yaourt, l'ail, le gingembre et les épices moulues.

3 Enfilez les dés de poulet sur les brochettes. Badigeonnez-les de marinade. Couvrez-les et laissez-les mariner au réfrigérateur pendant au moins 2 heures, toute la nuit de préférence.

4 Faites cuire les brochettes de poulet sur des braises ardentes en les retournant et en les badigeonnant régulièrement d'huile ou de beurre, pendant 15 minutes environ, ou jusqu'à cuisson complète.

5 Pendant ce temps, mélangez le yaourt et la menthe pour faire la sauce. Servez les brochettes de poulet avec la sauce yaourt et menthe.

VARIANTE

Utilisez la marinade pour badigeonner des morceaux de poulet, comme des pilons, à la place de dés, si vous préférez. Faites-les griller de 30 à 40 minutes environ sur des braises moyennes à ardentes, ou jusqu'à ce que le poulet soit bien cuit (vérifier en perçant avec une brochette que le jus de cuisson soit clair).

Poulet grillé à l'indienne

Un plat d'inspiration indienne, délicieux accompagné de pain nân et d'une raita de concombre.

Pour 4 personnes

INGRÉDIENTS

4 blancs de poulet désossés et sans peau
2 cuil. à soupe de pâte de curry
1 cuil. à soupe d'huile de tournesol
1 cuil. à soupe de sucre roux
1 cuil. à café de gingembre moulu
1/2 cuil. à café de cumin moulu

ACCOMPAGNEMENT :
pain nân
feuilles de salade verte

RAITA DE CONCOMBRE :
1/4 de concombre
sel
150 ml de yaourt nature
1/4 cuil. à café de poudre de piment

1 Placez les blancs de poulet entre deux feuilles de papier sulfurisé ou de film plastique alimentaire. Attendrissez et aplatissez la viande avec le plat d'un maillet à viande ou un rouleau à pâtisserie.

2 Dans un bol, mélangez la pâte de curry, l'huile, le sucre, le gingembre et le cumin. Étalez le mélange sur les deux faces du poulet, et réservez jusqu'au moment voulu.

3 Pour la raita, épluchez le concombre et ôtez-en les graines avec une cuillère. Râpez la chair du concombre, saupoudrez-la de sel, mettez le tout dans une passoire et laissez reposer 10 minutes. Rincez le sel du concombre, et exprimez-en l'eau en le pressant avec le fond d'un verre ou le dos d'une cuillère.

4 Mélangez le concombre au yaourt, puis incorporez la poudre de piment. Mettez au réfrigérateur.

5 Disposez le poulet sur une grille huilée et faites-le cuire 10 minutes au barbecue, au-dessus de braises ardentes ou au gril, en le retournant une fois.

6 Faites réchauffer le pain nân sur le bord de la grille. Servez le poulet avec le pain nân et la raita, garni de feuilles de salade verte.

MON CONSEIL

Aplatissez les blancs de poulet de manière à ce qu'ils cuisent plus rapidement.

Poulet cajun

On fait pénétrer en frottant les épices dans le poulet, que l'on laisse ensuite reposer – pour laisser les arômes imprégner la chair et s'y développer.

Pour 4 personnes

INGRÉDIENTS

- 4 morceaux de poulet
- 1 gousse d'ail
- 1 cuil. à soupe de sucre roux
- 3 cuil. à soupe de paprika
- 2 cuil. à café de poivre de Cayenne
- 1 cuil. à café de sauge déshydratée
- 1 cuil. à café d'origan déshydraté
- 1 cuil. à café de thym déshydraté
- 4 cuil. à soupe d'huile de tournesol
- 2 cuil. à soupe de jus de citron
- sel et poivre

1 Si souhaitez un plat moins gras, enlevez la peau du poulet. Avec un couteau tranchant, faites 2 ou 3 incisions dans la chair du poulet.

2 Coupez la gousse d'ail en deux, et frottez le poulet avec la surface exposée. Salez et poivrez à volonté.

3 Dans un bol, mélangez le sucre, les épices et les herbes sèches. Recouvrez le poulet de ce mélange et massez pour le faire pénétrer. Couvrez, et laissez reposer au moins 2 heures.

4 Dans un bol, mélangez l'huile et le jus de citron. Badigeonnez généreusement le poulet de ce mélange.

5 Faites cuire le poulet 30 minutes environ au barbecue sur des braises moyennes à ardentes ou au gril, en le retournant et en le badigeonnant de temps en temps avec le mélange d'huile et de citron.

6 Vérifiez que le poulet soit cuit en le perçant avec une brochette – le jus de cuisson doit être clair. Si besoin, remettez le poulet au barbecue (gril).

7 Transférez le poulet dans des assiettes chaudes et servez sans attendre.

VARIANTE

Cette recette convient également au porc. Faites pénétrer les épices dans des côtes ou des tranches de poitrine de porc – elles dégageront de délicieux arômes.

Coquelets ouverts à l'ail et aux herbes

Le meilleur moyen de cuisiner des volailles entières au barbecue (gril) consiste à les ouvrir – ce qui n'est pas difficile.

Pour 2 personnes

INGRÉDIENTS

2 coquelets d'environ 450 g
75 g de beurre
2 gousses d'ail écrasées
2 cuil. à soupe de mélange d'herbes fraîches hachées

ASSAISONNEMENT DE CUISSON :
4 cuil. à soupe d'huile d'olive
2 cuil. à soupe de jus de citron
2 cuil. à soupe de mélange d'herbes fraîches hachées
sel et poivre

1 Pour ouvrir les coquelets, mettez-les sur les blancs et, à l'aide de ciseaux aiguisés ou de cisailles à volaille, sectionnez le long de la colonne vertébrale. Ouvrez les coquelets aussi largement que possible, puis placez-les sur une planche à découper. Appuyez fortement sur la colonne vertébrale pour la briser.

2 Travaillez le beurre, l'ail et les herbes jusqu'à obtention d'un mélange homogène. Soulevez la peau des blancs de chaque coquelet. Divisez le beurre en deux portions égales et étalez-le sur les blancs, sous la peau.

3 Ouvrez chaque coquelet à plat. Enfilez deux brochettes en diagonale dans chaque coquelet pour le maintenir à plat.

4 Dans un bol, mélangez les ingrédients de l'assaisonnement de cuisson.

5 Disposez les coquelets, dos en l'air, au-dessus de braises moyennes à ardentes, et faites-les cuire au barbecue (gril) pendant 25 minutes, en les badigeonnant du mélange citron et herbes. Retournez les coquelets et faites-les cuire côté dos en les badigeonnant régulièrement, pendant 15 minutes ou jusqu'à ce qu'ils soient bien cuits.

MON CONSEIL

Utilisez un mélange de toutes les herbes qui vous tombent sous la main, thym, romarin, menthe, origan, persil ou coriandre. Si vous voulez appliquer cette recette à un poulet entier, doublez la quantité de l'assaisonnement et faites-le cuire de 40 à 50 minutes.

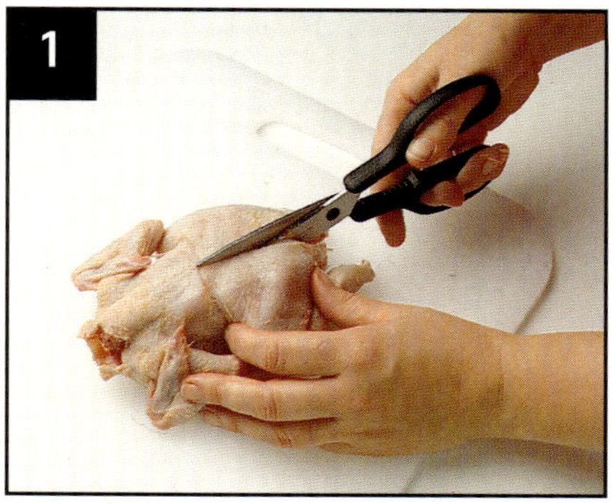

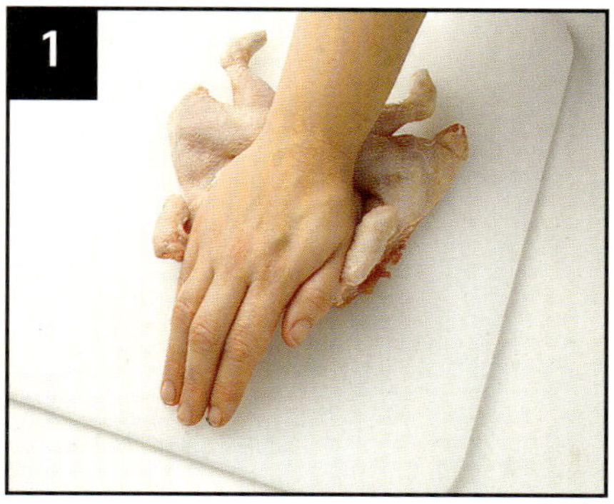

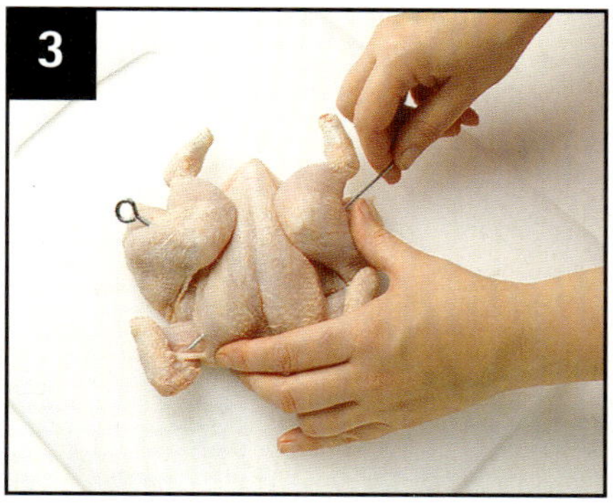

Poulet au sirop d'érable

Vous pouvez utiliser tous les morceaux du poulet pour cette recette. Les cuisses de poulet sont économiques en grandes quantités, mais les ailes ou les pilons feront également l'affaire.

Pour 6 personnes

INGRÉDIENTS

2 cuisses de poulet désossées
5 cuil. à soupe de sirop d'érable
1 cuil. à soupe de sucre en poudre
zeste et jus d'une demi-orange
2 cuil. à soupe de ketchup
2 cuil. à café de sauce de Worcestershire

GARNITURE :
rondelles d'orange
branches de persil à feuilles plates

ACCOMPAGNEMENT :
focaccia (pain italien)
feuilles de salade
tomates cerises coupées en quartiers

1 Avec un couteau tranchant, faites 2 ou 3 incisions dans la chair du poulet. Mettez ce dernier dans un plat non métallique peu profond.

2 Pour la marinade, mélangez dans un bol le sirop d'érable, le sucre, le zeste et le jus d'orange, le ketchup et la sauce de Worcestershire.

3 Versez la marinade sur le poulet, et retournez-le de manière à ce qu'il soit bien enduit. Couvrez et mettez au réfrigérateur.

4 Sortez le poulet de la marinade en la réservant pour la cuisson.

5 Disposez le poulet sur le barbecue (gril) et faites-le cuire 20 minutes au-dessus de braises ardentes, en le retournant et en le badigeonnant fréquemment avec le reste de marinade.

6 Transférez le poulet dans des assiettes et garnissez de rondelles d'orange et d'une branche de persil. Servez avec le pain focaccia, les feuilles de salade et les tomates cerises.

MON CONSEIL

Si vous manquez de temps, ne laissez pas mariner. Si vous remplacez les cuisses de poulet par des quarts de poulet, plus gros, précuisez-les à l'eau pendant 10 minutes avant de les badigeonner de marinade et de les griller.

1

3

5

Excellent
Less orange
more syrup

Brochettes de poulet au citron et à la coriandre

De délicieuses brochettes servies avec un yaourt piquant parfumé au citron.

Pour 4 personnes

INGRÉDIENTS

- 4 blancs de poulet désossés et sans peau
- 1 cuil. à café de coriandre moulue
- 2 cuil. à café de jus de citron
- 300 ml de yaourt nature
- 1 citron
- 2 cuil. à soupe de coriandre fraîche hachée
- un peu d'huile pour badigeonner
- sel et poivre

1 Détaillez le poulet en morceaux de 2,5 cm. Mettez les morceaux dans un plat non métallique peu profond.

2 Ajoutez la coriandre, le jus de citron, sel et poivre à volonté et 4 cuil. à soupe de yaourt. Remuez soigneusement pour obtenir un mélange homogène. Couvrez et mettez au réfrigérateur au moins 2 heures, préférablement jusqu'au lendemain.

3 Pour le yaourt au citron, épluchez et hachez finement le citron en ôtant les pépins. Incorporez le citron et la coriandre fraîche au yaourt. Mettez au réfrigérateur jusqu'au moment voulu.

4 Enfilez les morceaux de poulet sur les brochettes. Huilez la grille avec un pinceau et faites cuire le poulet au barbecue (gril) 15 minutes environ sur braises ardentes, en le badigeonnant d'huile.

5 Transférez les kébabs de poulet dans des assiettes chaudes et garnissez d'une tige de coriandre fraîche, de quartiers de citron et de feuilles de salade. Servez avec le yaourt au citron.

VARIANTE

Servez ces kébabs sur un lit d'épinards blanchis et assaisonnés de sel, de poivre et de noix de muscade.

MON CONSEIL

Préparez le poulet la veille, pour qu'il puisse mariner toute la nuit et bien s'aromatiser.

Poulet satay

C'est une sauce idéale pour toutes les grillades. Gardez-la au chaud au bord de la grille.

Pour 4 personnes

INGRÉDIENTS

2 blancs de poulet désossés et sans peau

MARINADE :
4 cuil. à soupe d'huile de tournesol
2 gousses d'ail écrasées
3 cuil. à soupe de coriandre fraîche hachée
1 cuil. à soupe de sucre en poudre
1/2 cuil. à café de cumin moulu
1/2 cuil. à café de coriandre moulue
1 cuil. à soupe de sauce de soja
1 piment rouge ou vert, épépiné
sel et poivre

SAUCE :
2 cuil. à soupe d'huile de tournesol
1 petit oignon finement émincé
1 piment rouge ou vert épépiné et haché
1/2 cuil. à café de coriandre moulue
1/2 cuil. à café de cumin moulu
8 cuil. à soupe de beurre de cacahuètes
8 cuil. à soupe de bouillon de poulet ou d'eau
1 cuil. à soupe de pulpe de coco

1 Faites tremper 8 brochettes en bois dans un grand récipient rempli d'eau froide pendant au moins 30 minutes. Cela permet d'éviter que les brochettes ne brûlent pendant la cuisson.

2 Découpez le poulet dans le sens de la longueur en 8 longues lanières. Embrochez ces lanières en accordéon, et mettez de côté pendant que vous préparez la marinade.

3 Mettez tous les ingrédients de la marinade dans le bol d'un mixeur, et mixer pour obtenir une pâte homogène.

4 Badigeonnez le poulet de cette pâte, couvrez-le et mettez-le au réfrigérateur pendant au moins 2 heures.

5 Pour la sauce, faites chauffer l'huile dans une petite casserole, et faites revenir l'oignon et le piment sans les laisser blondir. Ajoutez-y les épices, remuez et faites cuire 1 minute. Ajoutez les derniers ingrédients de la sauce, et faites cuire au barbecue (gril) 5 minutes à feu doux. Gardez au chaud au bord de la grille du barbecue (gril).

6 Faites cuire les brochettes de poulet 10 minutes environ au-dessus de braises ardentes en les badigeonnant avec le reste de marinade. Servez avec la sauce chaude.

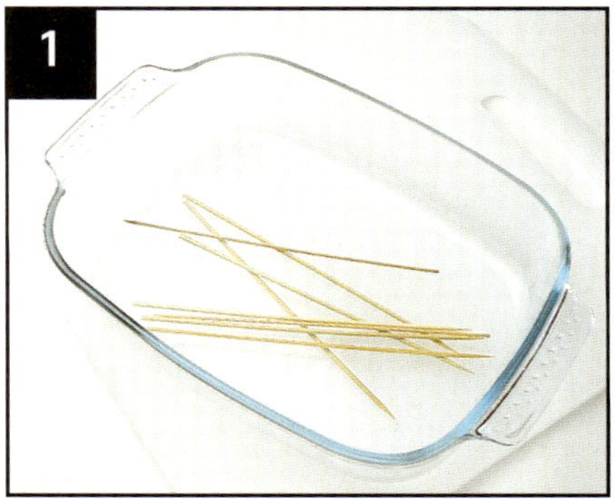

Brochettes de poulet à la thaïlandaise

Le poulet marine dans une délicieuse sauce aromatique avant d'être embroché.

Pour 4 personnes

INGRÉDIENTS

- 4 blancs de poulet désossés et sans peau
- 1 oignon épluché et coupé en quartiers
- 1 gros poivron rouge épépiné
- 1 gros poivron jaune épépiné
- 12 feuilles de citron cafre
- 2 cuil. à soupe d'huile de tournesol
- 2 cuil. à soupe de jus de citron vert
- moitiés de tomates pour accompagner

MARINADE :

- 1 cuil. à soupe de pâte de curry rouge thaïlandais
- 150 ml de lait de coco en boîte

1 Pour la marinade, mettez la pâte de curry rouge dans une petite casserole et faites cuire 1 minute, à feu moyen. Ajoutez la moitié du lait de coco et portez à ébullition. Faites bouillir pendant 2 à 3 minutes, jusqu'à réduction d'environ des deux-tiers du liquide.

2 Enlevez la casserole du feu et versez le reste du lait de coco. Remuez et laissez refroidir

3 Découpez le poulet en morceaux de 2,5 cm. Mettez-le dans la marinade froide, couvrez et laissez au réfrigérateur pendant au moins 2 heures.

4 Coupez l'oignon en quartiers et les poivrons en morceaux de 2,5 cm.

5 Sortez les morceaux de poulet de la marinade et embrochez-les en alternant avec les légumes et les feuilles de citron cafre.

6 Dans un petit bol, mélangez l'huile et le jus de citron vert, et badigeonnez les kébabs avec ce mélange. Faites-les cuire au barbecue (gril) de 10 à 15 minutes sur braises ardentes, en les retournant et en les badigeonnant régulièrement, jusqu'à ce que le poulet soit bien cuit. Faites griller les moitiés de tomates et servez-les avec les brochettes de poulet.

MON CONSEIL

Faites cuire la marinade pour en développer le goût. Il est important de la laisser refroidir avant d'y jeter le poulet pour éviter une prolifération bactérienne. Vous trouverez des feuilles de citron cafre fraîches dans les épiceries orientales, sinon utilisez des feuilles de laurier.

1

1

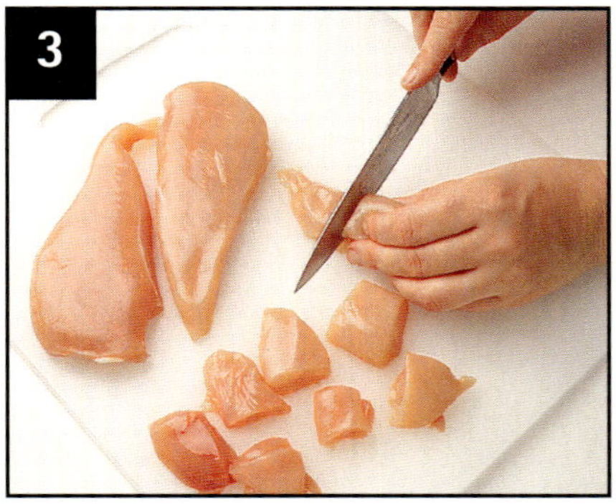
3

Brochettes de poulet au sésame et à la sauce aux airelles

Les airelles apportent une note acidulée à cette sauce qui peut être servie chaude ou froide.

Pour 8 personnes

INGRÉDIENTS

4 blancs de poulet désossés et sans peau
4 cuil. à soupe de vin blanc sec
1 cuil. à soupe de sucre roux
2 cuil. à soupe d'huile de tournesol
100 g de graines de sésame
sel et poivre

ACCOMPAGNEMENT :
pommes de terre nouvelles bouillies
feuilles de salade verte

SAUCE :
175 g d'airelles
150 ml de jus d'airelle (boisson)
2 cuil. à soupe de sucre roux

1 Découpez le poulet en morceaux de 2,5 cm. Dans un saladier, mélangez le vin, le sucre et l'huile. Salez et poivrez à volonté. Ajoutez-y les morceaux de poulet et retournez-les pour bien les enduire. Laissez mariner au moins 30 minutes en retournant le poulet de temps à autre.

2 Pour la sauce, mettez les ingrédients dans une petite casserole et portez doucement à ébullition. Faites mijoter de 5 à 10 minutes jusqu'à ce que les airelles soient tendres. Goûtez, et rajoutez un peu de sucre si nécessaire. Conservez la sauce au chaud ou mettez-la au réfrigérateur.

3 Sortez les morceaux de poulet de la marinade avec une écumoire. Enfilez-les sur des brochettes en les espaçant légèrement pour permettre une cuisson régulière.

4 Faites cuire au barbecue (gril) de 4 à 5 minutes par face au-dessus de braises ardentes. Badigeonnez-les plusieurs fois avec la marinade pendant la cuisson.

5 Ôtez les brochettes de poulet de la grille et roulez-les dans les graines de sésame. Remettez-les au barbecue (gril) et faites-les cuire environ 1 minute sur chaque face, ou jusqu'à ce que les graines de sésame soient grillées. Servez avec la sauce aux airelles chaude ou froide, les pommes de terre nouvelles et la salade verte.

VARIANTE

La sauce aux airelles accompagne parfaitement tous les types de volailles. Essayez-la avec de la dinde ou de la pintade.

Brochettes de poulet à la sauce au poivron rouge

Ces kébabs sont de vraies merveilles et valent bien le petit effort nécessaire à leur préparation.

Pour 4 personnes

INGRÉDIENTS

- 3 blancs de poulet désossés et sans peau
- 6 cuil. à soupe d'huile d'olive
- 4 cuil. à soupe de jus de citron
- $^1/_2$ petit oignon râpé
- 1 cuil. à soupe de sauge fraîche hachée
- 8 cuil. à soupe de farce oignon et sauge
- 6 cuil. à soupe d'eau bouillante
- 2 poivrons verts épépinés

SAUCE :

- 1 cuil. à soupe d'huile d'olive
- 1 poivron rouge, épépiné et finement haché
- 1 petit oignon finement haché
- une pincée de sucre
- 210 g de tomates en boîte, hachées

1 Découpez le poulet en morceaux de taille régulière.

2 Mélangez l'huile, le jus de citron, l'oignon râpé et la sauge, et versez ce mélange dans un sac en plastique alimentaire. Ajoutez le poulet, fermez hermétiquement et agitez le sac de manière à ce que le poulet soit bien enduit. Faites mariner au moins 30 minutes en agitant le sac de temps à autre.

3 Mettez ce mélange à farce dans un saladier et ajoutez l'eau bouillante en remuant bien.

4 Découpez chaque poivron en 6 lanières, blanchissez-les de 3 à 4 minutes à l'eau bouillante pour qu'ils ramollissent. Égouttez et faites refroidir sous l'eau froide. Égouttez à nouveau.

5 Prennez l'équivalent d'une cuillerée à café de mélange de farce, formez une petite boule et enroulez-la d'une lanière de poivron. Recommencez avec le reste du mélange à farcir et des lanières de poivron. Enfilez 3 rouleaux de poivron sur chaque brochette, en alternant avec les morceaux de poulet. Laissez refroidir.

6 Pour la sauce, faites chauffer l'huile dans une petite casserole, puis faites revenir le poivron rouge et l'oignon pendant 5 minutes. Ajoutez le sucre et les tomates et laissez mijoter 5 minutes environ. Mettez de côté et conservez au chaud.

7 Faites cuire les brochettes au barbecue (gril) 15 minutes environ sur la grille huilée au-dessus de braises ardentes, en arrosant régulièrement avec le reste de la marinade, jusqu'à ce que le poulet soit cuit. Servez avec la sauce au poivron rouge.

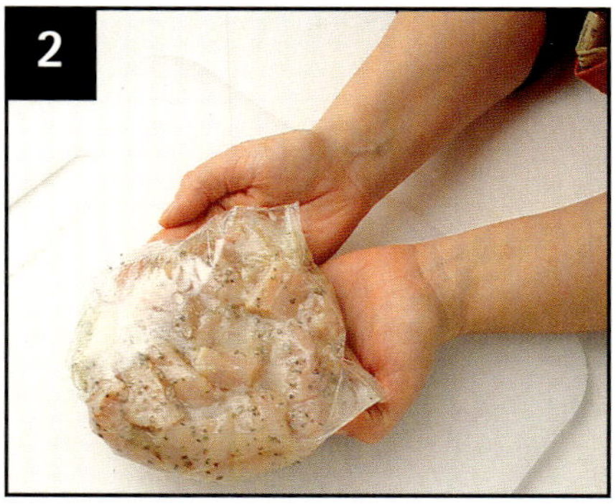
2

4

5

Kébabs de poulet à la Maryland

Une version barbecue (gril) de ce plat traditionnel, le poulet Maryland. Servez avec des épis de maïs (voir page 198).

Pour 4 personnes

INGRÉDIENTS

8 cuisses de poulet désossées et sans la peau
1 cuil. à soupe de vinaigre de vin blanc
1 cuil. à soupe de jus de citron
1 cuil. à soupe de sirop de sucre ou de miel liquide
6 cuil. à soupe d'huile d'olive
1 gousse d'ail écrasée
4 tranches de bacon entrelardé sans couenne
2 bananes
sel et poivre

ACCOMPAGNEMENT :
4 épis de maïs doux cuits (voir page 198)
chutney de mangue (assaisonnement)

1 Découpez le poulet en dés. Dans un saladier mélangez le vinaigre, le jus de citron, le sirop ou le miel, l'huile et l'ail. Salez et poivrez à volonté. Ajoutez le poulet et mélangez de manière à ce qu'il soit recouvert de toute part. Couvrez et laissez mariner de 1 à 2 heures.

2 Étirez les tranches de bacon avec le dos d'un couteau, puis coupez chaque tranche en deux. Coupez les bananes en sections de 2,5 cm et badigeonnez-les de jus de citron pour les empêcher de noircir.

3 Enroulez un morceau de bacon autour de chaque section de banane.

4 Retirez le poulet de la marinade que vous réserverez pour la cuisson. Enfilez les morceaux de poulet sur les brochettes en alternant avec les rouleaux de banane.

5 Faites cuire au barbecue (gril) de 8 à 10 minutes au-dessus de braises ardentes, jusqu'à ce que le poulet soit complètement cuit. Retournez et arrosez régulièrement les kébabs de marinade.

6 Servez avec les épis de maïs et le chutney de mangue.

VARIANTE

Pour une version rapide, ne faites pas mariner. Faites cuire les cuisses de poulet au-dessus de braises ardentes pendant environ 20 minutes, en les arrosant de marinade. Faites cuire les bananes au barbecue (gril) dans leur peau, à côté du poulet. Servez les bananes ouvertes avec une cuillerée à café de chutney de mangue.

3

4

5

Tranches de dinde glacées aux groseilles

Préparez les tranches la veille et servez-les dans du pain ciabatta grillé, accompagnées de feuilles de salade croquantes.

Pour 4 personnes

INGRÉDIENTS

100 g de gelée de groseilles
2 cuil. à soupe de jus de citron vert
4 cuil. à soupe d'huile d'olive
2 cuil. à soupe de vin blanc sec
1/4 de cuil. à café de gingembre moulu
une pincée de noix de muscade en poudre
4 tranches de dinde
sel et poivre

ACCOMPAGNEMENT :
mélange de feuilles de salade
vinaigrette
1 pain ciabatta
tomates cerises

1 Mettez la gelée de groseilles et le jus de citron vert dans une petite casserole et faites chauffer doucement, en remuant, jusqu'à ce que la gelée fonde. Ajoutez-y l'huile, le vin, le gingembre et la noix de muscade.

2 Disposez les tranches de dinde dans un plat non métallique peu profond et salez et poivrez à volonté. Versez le glaçage à la groseille sur la viande, en la retournant de manière à ce qu'elle soit bien enduite. Couvrez, laissez refroidir au réfrigérateur toute la nuit.

3 Sortez la dinde de la marinade que vous réserverez pour la cuisson, et faites cuire la viande au barbecue (gril) environ 4 minutes par face, sur une grille huilée au-dessus de braises ardentes. Arrosez régulièrement les tranches de dinde avec le reste de marinade.

4 Pendant ce temps, assaisonnez les feuilles de salade avec la vinaigrette. Coupez le pain ciabatta dans le sens de la longueur, et faites-le griller légèrement sur le bord de la grille.

5 Coupez chaque moitié de pain en 4. Servez les tranches de dinde sur des feuilles de salade entre deux morceaux de pain.

VARIANTE

La cuisson au barbecue (gril) convient également aux escalopes de dinde et de poulet. Parce qu'elles sont plus fines, elles cuisent sans brûler. Laissez-les macérer toute la nuit dans la marinade de votre choix, ou faites-les griller en les badigeonnant d'un mélange de jus de citron et d'huile. Assaisonnez.

Dinde grillée fourrée au fromage

Enroulez le bacon autour de la dinde pour maintenir le fromage en place.

Pour 4 personnes

INGRÉDIENTS

- 4 blancs de dinde de 225 g chacun
- 4 morceaux de fromage gras (tel que Bel Paese) de 15 g chacun
- 4 feuilles de sauge ou $^1/_2$ cuil. à café de sauge déshydratée
- 8 tranches de bacon entrelardé sans couenne
- 4 cuil. à soupe d'huile d'olive
- 2 cuil. à soupe de jus de citron
- sel et poivre

ACCOMPAGNEMENT :
- pain à l'ail
- feuilles de salade
- tomates cerises

1 Incisez avec précaution la tranche de chaque blanc de dinde. Ouvrez-les légèrement et assaisonnez-en l'intérieur avec du sel et du poivre.

2 Insérez une portion de fromage dans chaque incision, en l'étalant un peu avec un couteau. Glissez une feuille de sauge dans chaque blanc ou, si vous préférez, saupoudrez de sauge déshydratée.

3 Étirez le bacon avec le dos d'un couteau. Enroulez deux morceaux de bacon autour de chaque blanc de dinde de manière à les refermer complètement.

4 Dans un bol, mélangez l'huile et le jus de citron.

5 Faites cuire la dinde au barbecue (gril) environ 10 minutes par face au-dessus de braises moyennes à ardentes, en arrosant régulièrement avec le mélange d'huile et de jus de citron.

6 Mettez le pain à l'ail sur le bord de la grille et faites-le légèrement griller.

7 Transférez la dinde dans des assiettes chaudes. Servez avec le pain à l'ail grillé, les feuilles de salade et quelques tomates cerises.

VARIANTE

Utilisez différentes sortes de fromages – essayez la mozzarela râpée ou des tranches de brie ou de camembert. Vous pouvez également glisser une cuillerée à café de gelée de groseilles ou de sauce aux airelles dans chaque blanc, pour remplacer la sauge.

MON CONSEIL

Vous pouvez utilisez un cure-dent pour fixer le bacon et le blanc de dinde pendant la cuisson.

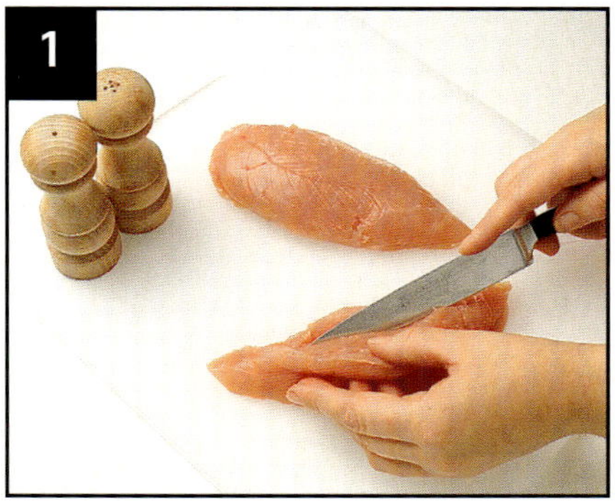

Kébabs de dinde et de chorizo

Servez ces savoureux kébabs avec du pain frais – ciabatta, focaccia ou baguette.

Pour 8 personnes

INGRÉDIENTS

filet de dinde, environ 350 g
300 g de chorizo
1 pomme
1 cuil. à soupe de jus de citron
8 feuilles de laurier

ASSAISONNEMENT DE CUISSON :
6 cuil. à soupe d'huile d'olive
2 gousses d'ail écrasées
1 piment rouge épépiné et émincé
sel et poivre

1 Pour l'assaisonnement, mettez l'huile, l'ail, le piment, le sel et le poivre dans un petit bocal à couvercle hermétique. Secouez-le bien pour mélanger. Laissez reposer 1 heure pour que l'ail et le piment aromatisent l'huile.

2 Découpez la dinde en morceaux de 2,5 cm. Coupez le chorizo en sections de 2,5 cm.

3 Coupez la pomme en gros morceaux et enlevez le cœur. Aspergez les morceaux de pomme de jus de citron pour éviter qu'ils ne noircissent.

4 Enfilez la dinde et les morceaux de chorizo sur 8 brochettes, en alternant avec les morceaux de pomme et les feuilles de laurier.

5 Faites cuire les kébabs au barbecue (gril) sur des braises ardentes pendant 15 minutes environ, ou jusqu'à ce que la dinde soit cuite. Retournez-les et badigeonnez-les régulièrement d'huile aromatisée.

6 Transférez les kébabs dans des assiettes chaudes et servez immédiatement.

MON CONSEIL

L'huile aromatisée de cette recette peut servir à la cuisson des viandes, des poissons ou des légumes grillés. Elle apporte une note subtilement pimentée aux aliments les plus simples, et se conserve environ 2 semaines au réfrigérateur.

1

3

4

Brochettes de foie de poulet au xérès

Économiques et pleins de saveurs, ces délicieux kébabs feront un déjeuner léger idéal.

Pour 4 personnes

INGRÉDIENTS

400 g de foie de poulet préparé et nettoyé
3 tranches de bacon entrelardé sans couenne
1 pain ciabatta ou une baguette
225 g de jeunes épinards lavés

MARINADE :
150 ml de xérès sec
4 cuil. à soupe d'huile d'olive
1 cuil. à café de moutarde à l'ancienne
sel et poivre

MAYONNAISE À LA MOUTARDE :
8 cuil. à soupe de mayonnaise
1 cuil. à café de moutarde à l'ancienne

1 Découpez les foies de poulet en morceaux de 5 cm. Pour la marinade, mélangez le xérès, l'huile, et la moutarde dans un plat peu profond. Salez et poivrez à volonté. Jetez le foie de poulet dans la marinade et retournez-les afin qu'il soit bien enduit. Laissez mariner de 3 à 4 heures.

2 Pour la mayonnaise, mélangez la moutarde à la mayonnaise et laissez refroidir au réfrigérateur.

3 Étirez le bacon avec le dos d'un couteau et coupez chaque tranche en deux. Retirez le foie de poulet de la marinade en réservant cette dernière pour la cuisson. Enroulez le bacon autour de la moitié des morceaux de foie de poulet. Enfilez les rouleaux de bacon en alternant avec les morceaux de foie sur 6 brochettes en bois prétrempées.

4 Faites cuire les brochettes de 10 à 12 minutes au-dessus de braises ardentes, en les retournant et en les arrosant régulièrement avec le reste de marinade.

5 Pendant ce temps, coupez le pain en 6 morceaux et faites-le légèrement griller au barbecue (gril).

6 Pour servir, garnissez le pain de feuilles d'épinard et déposez les kébabs dessus. Ajoutez une cuillerée de mayonnaise moutardée et servez sans attendre.

MON CONSEIL

Attention de ne pas trop cuire le foie de poulet pour qu'il ne durcisse pas. Les morceaux doivent être fermes au toucher, et à peine rosés au coeur.

Brochettes de canette aux agrumes

L'acidité des agrumes vient naturellement contrebalancer la richesse de la chair de la canette.

Pour 12 personnes

INGRÉDIENTS

3 magrets de canette désossés et sans la peau
1 petit oignon rouge coupé en quartiers
1 petite aubergine détaillée en cubes
des quartiers de citron et de citron vert pour garnir (facultatif)

MARINADE :
zeste et jus d'un citron
zeste et jus d'un citron vert
zeste et jus d'une orange
1 gousse d'ail écrasée
1 cuil. à café d'origan déshydraté
2 cuil. à soupe d'huile d'olive
une goutte de Tabasco

1 Découpez la canette en petits morceaux. Mettez-les dans un plat non métallique avec l'oignon rouge et l'aubergine préparés.

2 Pour la marinade, mettez les zestes et les jus de citron, de citron vert et d'orange, l'ail, l'origan, l'huile et le Tabasco dans un bocal à couvercle hermétique. Secouez pour bien mélanger.

3 Versez la marinade sur la canette et les légumes, et retournez-les pour qu'ils soient bien enduits. Laissez mariner 30 minutes.

4 Sortez la canette et les légumes de la marinade que vous réserverez pour la cuisson, et enfilez les morceaux sur des brochettes.

5 Faites cuire les brochettes au barbecue (gril) sur une grille huilée, au-dessus de braises moyennes à ardentes. Retournez-les et arrosez-les régulièrement avec la marinade pendant 15 à 20 minutes, jusqu'à ce que la viande soit cuite.

6 Servez les kébabs avec des quartiers de citron et de citron vert à presser (facultatif).

MON CONSEIL

Ajoutez du piquant à cette recette avec 1 cuillerée à café de sauce au piment, dans la marinade. La viande peut mariner plusieurs heures, mais il vaut mieux faire mariner les légumes séparément, pendant seulement environ 30 minutes.

Canette à l'orange et aux graines de sésame

Fondant et plein de saveurs, ce plat ressemble au canard à l'orange – avec plus d'arômes.

Pour 4 personnes

INGRÉDIENTS

4 cuil. à soupe de sauce de soja
2 cuil. à soupe de marmelade d'oranges aux zestes fins
2 cuil. à soupe de jus d'orange
2 gousses d'ail écrasées
1 morceau d'1 cm de rhizome de gingembre râpé
1 cuil. à soupe de vinaigre de Xérès
4 portions de canette
2 oranges tranchées en rondelles
4 cuil. à soupe de graines de sésame

ACCOMPAGNEMENT :
feuilles de salade verte
herbes fraîches

1 Dans un bol, mélangez soigneusement la sauce de soja, la marmelade, le jus d'orange, l'ail, le gingembre et le vinaigre.

2 Enlevez tout excès de gras des portions de canette.

3 Mettez la canette dans un saladier, et versez-y le mélange à l'orange dessus. Couvrez et laissez mariner au moins 2 heures.

4 Répartissez presque toutes les rondelles d'orange sur 4 morceaux de papier aluminium en double-épaisseur, en conservant quelques rondelles pour l'accompagnement. Disposez une portion de canette sur les oranges et versez par dessus un peu de marinade. Repliez l'aluminium de manière à ce que la canette soit bien enveloppée.

5 Faites cuire au barbecue (gril) environ 40 minutes au-dessus de braises ardentes, ou jusqu'à ce que la viande soit cuite à point.

6 Enlevez les papillotes du barbecue (gril) et parsemez la peau de la canette de graines de sésame. Mettez la canette, côté peau, directement sur la grille huilée, et faites-la cuire 5 minutes de plus, jusqu'à ce que la peau soit craquante. Servez avec les rondelles d'orange, les feuilles de salade et les herbes fraîches.

MON CONSEIL

Les papillotes permettent d'éviter le dessèchement tout en retenant tous les arômes de la marinade. Vous pouvez également faire cuire la canette directement sur la grille. Retournez et badigeonnez régulièrement la viande pendant la cuisson. Parsemez la canette de graines de sésame quelques minutes avant la fin de la cuisson.

2

3

6

Canette grillée

Retrouvez la subtilité des saveurs orientales avec cette marinade douce et épicée.

Pour 4 personnes

INGRÉDIENTS

- 3 gousses d'ail écrasées
- 150 ml de sauce de soja légère
- 5 cuil. à soupe de sucre roux
- 1 morceau de 2,5 cm de rhizome de gingembre frais râpé
- 1 cuil. à soupe de coriandre fraîche hachée
- 1 cuil. à café de quatre-épices en poudre
- 4 magrets de canette
- une branche de coriandre fraîche, pour garnir (facultatif)

1 Pour la marinade, mélangez dans un bol l'ail, la sauce de soja, le sucre, le gingembre râpé, la coriandre hachée et la poudre de quatre-épices.

2 Mettez les magrets de canette dans un plat non métallique peu profond et recouvrez de marinade. Retournez soigneusement les magrets de manière à ce qu'ils soient bien enduits.

3 Couvrez le plat de film plastique alimentaire et laissez mariner de 1 à 6 heures, en retournant la canette une fois ou deux pour qu'elle absorbe la marinade.

4 Sortez la canette de la marinade que vous réserverez pour la cuisson.

5 Faites cuire les magrets au barbecue (gril) de 20 à 30 minutes au-dessus de braises ardentes, en les retournant et en les badigeonnant régulièrement avec le reste de marinade.

6 Découpez la canette en tranches, et transférez-les dans des assiettes chaudes. Garnissez d'une branche de coriandre fraîche.

MON CONSEIL

La canette est une viande assez grasse et il n'est pas nécessaire d'ajouter de l'huile à la marinade. Vous pouvez cependant huiler la grille du barbecue (gril) pour éviter que la canette n'y adhère. Il est conseillé d'huiler la grille à bonne distance du barbecue (gril) pour éviter tout risque d'embrasement.

1

2

3

Canette laquée à la salsa d'ananas

La salsa est une spécialité portoricaine, à mi-chemin entre la sauce et l'assaisonnement. Faciles à préparer, les salsas viennent agrémenter toutes sortes de viandes grillées.

Pour 4 personnes

INGRÉDIENTS

2 cuil. à soupe de moutarde de Dijon
1 cuil. à café de paprika
1/2 cuil. à café de gingembre moulu
1/2 cuil. à café de noix de muscade moulue
2 cuil. à soupe de sucre roux
2 moitiés de canette
feuilles de salade pour accompagner

SALSA :
225 g d'ananas au naturel en boîte
2 cuil. à soupe de sucre roux
1 petit oignon rouge finement émincé
1 piment rouge épépiné et haché

1 Pour la salsa, égouttez l'ananas en réservant 2 cuillerées à soupe de jus. Hachez finement la pulpe de fruit.

2 Mettez l'ananas, le jus, le sucre, l'oignon et le piment dans un bol et mélangez soigneusement. Laissez reposer au moins 1 heure pour développer les saveurs.

3 Pendant ce temps, mélangez la moutarde, le paprika, le gingembre, la noix de muscade et le sucre. Nappez uniformément la pâte obtenue sur la peau des moitiés de canette.

4 Faites cuire au barbecue (gril), côté chair, environ 30 minutes au-dessus de braises ardentes. Retournez la canette sur la peau et faites-la cuire 10 à 15 minutes de plus, jusqu'à ce qu'elle soit bien cuite.

5 Servez accompagné de feuilles de salade et de la salsa.

MON CONSEIL

Vous pouvez placer les canettes sur un plateau rectangulaire recouvert de papier aluminium, pour protéger la chair délicate, sur le barbecue (gril).

VARIANTE

Utilisez des abricots ou des pêches en boîte pour changer. La salsa accompagne délicieusement le porc, l'agneau ou le poulet.

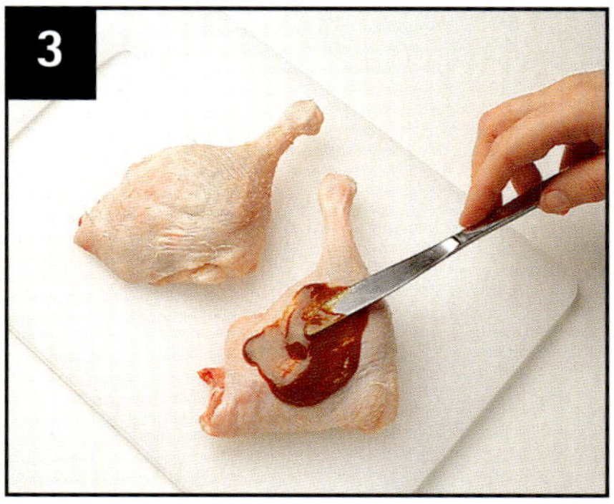

La viande

Pour la plupart des gens, le barbecue (gril) est synonyme de grillades de viande tant il est vrai que la plus simple côtelette y gagne en saveur. Rajoutez une marinade ou une sauce, et vous obtenez le plus appétissant des repas.

Les recettes suivantes passent tous vos morceaux favoris en revue, et proposent de nouvelles approches pour les incontournables que sont les hamburgers et les saucisses. Votre seul problème sera de choisir dans quel ordre les essayer. N'ayez pas peur d'expérimenter, de mélanger et de marier les sauces et les marinades avec différents types et morceaux de viande.

Pour vos soirées barbecue improvisées, choisissez de simples grillades en sauce ou nappées, mais lorsque vous disposez d'un peu plus de temps, essayez les marinades, qui parfument la viande et la gardent tendre et fondante. Enlevez l'excès de graisse pour éviter qu'elle ne fonde et ne vienne s'enflammer sur les braises – et gardez un vaporisateur d'eau à portée de main.

Le bœuf et l'agneau peuvent se servir rosé au centre, mais vérifiez toujours que le porc soit bien cuit en le perçant avec une brochette – le jus doit être clair.

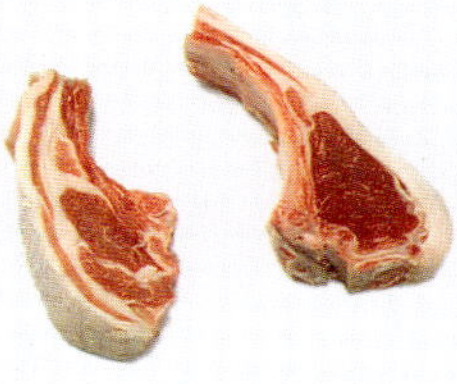

Hamburgers garnis

Variez les plaisirs avec ces savoureuses garnitures.

Pour 6 personnes

INGRÉDIENTS

700 g de bœuf maigre haché
1 oignon finement émincé
2 cuil. à soupe de sauce de Worcestershire
sel et poivre
petits pains ronds aux graines de sésame, grillés (accompagnement)

SAUCE AUX CHAMPIGNONS :
125 g de champignons de Paris émincés
1 cuil. à soupe de sauce de soja
1 cuil. à soupe de sauce de Worcestershire

GUACAMOLE :
1 avocat
1 gousse d'ail
1 cuil. à soupe de jus de citron
1 cuil. à soupe d'assaisonnement à la tomate

SAUCE BARBECUE :
3 cuil. à soupe de sauce brune relevée fruitée
3 cuil. à soupe de ketchup
1 cuil. à café de moutarde à l'ancienne
1 cuil. à café de miel liquide

1 Préparez une ou plusieurs garnitures. Pour la sauce aux champignons, mélangez tous les ingrédients et laissez mariner au moins 30 minutes.

2 Pour le guacamole, épluchez et réduisez l'avocat en purée. Mélangez avec l'oignon, l'ail, le jus de citron et l'assaisonnement à la tomate. Mettez au frais jusqu'au moment voulu.

3 Pour la sauce barbecue, mélangez tous les ingrédients et laissez reposer au réfrigérateur jusqu'au moment voulu.

4 Préparez les hamburgers en mélangeant la viande hachée, l'oignon, la sauce de Worcestershire. Salez et poivrez à volonté, puis mélangez soigneusement. Faites 6 portions et formez 6 steaks ronds d'environ 1 cm d'épaisseur. Mettez au réfrigérateur au moins 30 minutes.

5 Faites griller les steaks de 5 à 10 minutes de chaque côté au-dessus de braises ardentes. Servez-les dans les petits pains avec les garnitures versées par dessus à la cuillère.

MON CONSEIL

Le goût de l'hamburger ne dépend que de la viande utilisée, et nous conseillons de choisir la meilleure qualité possible. Une solution plus économique consiste à incorporer 50 g de chapelure fraîche.

Bœuf Teriyaki

Cette sauce d'inspiration japonaise est parfaite pour le bœuf, mais elle peut aussi accompagner du poulet ou du saumon.

Pour 4 personnes

INGRÉDIENTS

450 g de steak de bœuf tranché très fin
8 blancs de ciboule coupés en petites sections
1 poivron jaune, épépiné et coupé en morceaux
salade verte, pour accompagner

SAUCE :
1 cuil. à café de Maïzena
2 cuil. à soupe de xérès sec
2 cuil. à soupe de vinaigre de vin blanc
3 cuil. à soupe de sauce de soja
1 cuil. à soupe de sucre roux
1 gousse d'ail écrasée
$^{1}/_{2}$ cuil. à café de cannelle moulue
$^{1}/_{2}$ cuil. à café de gingembre moulu

1 Mettez la viande dans un plat peu profond non métallique.

2 Pour la sauce, mélangez la Maïzena avec le xérès, puis incorporez les autres ingrédients. Versez la sauce sur la viande, et laissez mariner au moins 2 heures.

3 Retirez la viande de la sauce, mettez-la de côté et versez la sauce dans une petite casserole.

4 Découpez la viande en fines lamelles. Enfilez-les en accordéon sur des brochettes en bois prétrempées, en alternant la viande et les morceaux préparés de poivron et de ciboule.

5 Faites mijoter la sauce à feu doux, en remuant de temps à autre.

6 Faites cuire les kébabs au barbecue (gril) de 5 à 8 minutes au-dessus de braises ardentes, en les retournant et en les badigeonnant de temps à autre de sauce teriyaki.

7 Disposez les brochettes dans des assiettes chaudes, et versez le reste de la sauce sur les kébabs. Servez accompagné d'une salade verte.

MON CONSEIL

Si vous êtes pressé ne faites pas mariner, mais la viande n'absorbera pas aussi bien les aromates.

2

3

4

Steaks ivres

Cette marinade, facile et rapide, donne un goût fantastique au steak.

Pour 4 personnes

INGRÉDIENTS

4 steaks de bœuf
4 cuil. à soupe de whisky ou de brandy
2 cuil. à soupe de sauce de soja
1 cuil. à soupe de sucre roux
poivre
branches de persil frais pour garnir

ACCOMPAGNEMENT :
pain à l'ail
rondelles de tomate

1 Faites quelques incisions dans le bord gras des steaks, pour qu'ils ne s'enroulent pas lors de la cuisson.

2 Mettez la viande dans un plat non métallique peu profond.

3 Mélangez dans un petit bol le whisky ou le brandy, la sauce de soja, le sucre et le poivre à volonté, en remuant jusqu'à dissolution du sucre. Versez ce mélange sur les steaks. Couvrez et faites mariner au moins 2 heures.

4 Faites cuire les steaks au barbecue (gril) au-dessus de braises ardentes, en saisissant la viande sur la partie la plus chaude de la grille, environ 2 minutes par face.

5 Déplacez les steaks sur une partie légèrement moins chaude de la grille et faites-les cuire de 4 à 10 minutes de plus par face selon votre goût. Vérifiez la cuisson en piquant la viande de la pointe d'un couteau : le jus passera du rouge, pour une viande juste saisie, au transparent, lorsqu'elle est bien cuite.

6 Faites légèrement griller les rondelles de tomate, de 1 à 2 minutes.

7 Transférez la viande et les tomates dans des assiettes chaudes. Garnissez d'une branche de persil et servez avec le pain à l'ail.

MON CONSEIL

Le steak est la viande à barbecue (gril) par excellence. Choisissez un morceau de bonne qualité comme par exemple le filet, le rumsteak, le T-bone ou l'entrecôte, avec un léger veinage de graisse pour éviter le dessèchement lors de la cuisson. Vous pouvez également utiliser du steak à griller, mais il vous faudra l'attendrir et l'aplatir au maillet à viande.

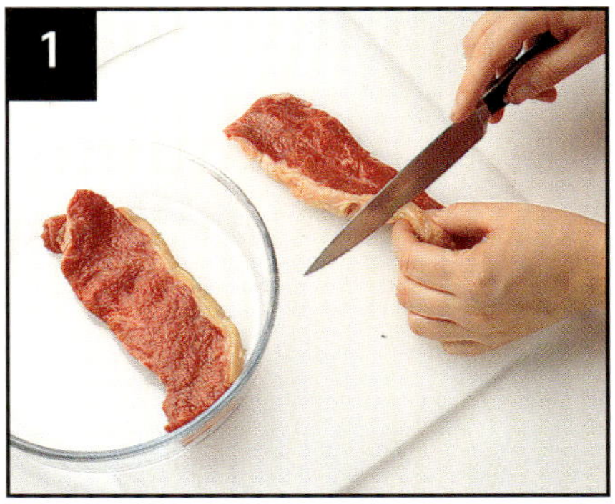

Steaks mexicains à la salsa d'avocat

Recouverts d'épices mexicaines et servis avec une rafraîchissante salsa d'avocat, ces steaks donneront du tonus à votre barbecue (grillade).

Pour 4 personnes

INGRÉDIENTS

4 steaks de bœuf
3 cuil. à soupe d'huile de tournesol
1/2 oignon rouge râpé
1 piment rouge épépiné et finement haché
1 gousse d'ail écrasée
1 cuil. à soupe de coriandre fraîche hachée
1 cuil. à café d'origan déshydraté
1 cuil. à café de cumin moulu

SALSA D'AVOCAT :
1 avocat mûr
zeste et jus d'un citron vert
1 cuil. à soupe d'huile de tournesol
1/2 oignon rouge finement haché
1 piment rouge épépiné et finement haché
1 cuil. à soupe de coriandre fraîche hachée
sel et poivre

1 Faites quelques incisions dans le bord gras des steaks pour éviter qu'ils ne s'enroulent pendant la cuisson. Placez la viande dans un plat non métallique peu profond.

2 Dans un bol, mélangez l'huile, l'oignon, le piment, l'ail, la coriandre, l'origan et le cumin. Versez la marinade sur les steaks et retournez la viande pour qu'elle soit bien enduite. Faites mariner de 1 à 2 heures.

3 Pour la salsa, coupez l'avocat en deux et enlevez le noyau. Épluchez et coupez la chair en petits dés. Mélangez l'avocat avec le zeste et le jus de citron vert, l'huile, l'oignon, le piment, la coriandre. Salez et poivrez à volonté, mélangez soigneusement. Couvrez et mettez au réfrigérateur jusqu'au moment voulu.

4 Faites cuire les steaks au barbecue (gril) sur une grille huilée au-dessus de braises ardentes, 6 à 8 minutes par face.

5 Servez les steaks accompagnés de la salsa d'avocat.

VARIANTE

Vous pouvez également servir la salsa d'avocat avec du poulet. Réduisez la quantité de piment pour obtenir une salsa moins épicée. Si vous ne trouvez pas de piment frais, utilisez des conserves de piment émincés qui sont de bons substituts.

Steaks grillés à la marmelade d'oignons rouges

Cette marmelade d'oignons est une garniture délicieusement parfumée qui n'a rien de sucrée.

Pour 4 personnes

INGRÉDIENTS

4 rumsteaks
2 cuil. à café de moutarde à l'ancienne
2 cuil. à soupe d'huile d'olive
zeste et jus d'une demi-orange
sel et poivre
pommes de terre nouvelles cuites, en accompagnement

MARMELADE D'OIGNONS ROUGES :
2 cuil. à soupe d'huile d'olive
450 g d'oignons rouges coupés en lamelles
200 ml de vin rouge
zeste d'une orange
1 cuil. à soupe de sucre en poudre

1 Pour la marmelade, mettez l'huile d'olive et les oignons dans une casserole et faites-les revenir pendant 5 à 10 minutes à feu doux, jusqu'à ce que les oignons commencent à brunir – ne les laissez pas trop cuire.

2 Ajoutez-y le vin, le zeste d'orange et le sucre et faites cuire à feu doux pendant 10 à 15 minutes, jusqu'à ce que les oignons soient tendres et que le mélange se soit réduit. Laissez refroidir, puis salez et poivrez à volonté.

3 Faites quelques incisions dans le bord gras des steaks pour les empêcher de s'enrouler lors de la cuisson.

4 À l'aide d'un couteau, étalez un peu de moutarde sur les steaks. Salez et poivrez à volonté.

5 Dans un bol, mélangez l'huile, le jus et le zeste d'orange, et badigeonnez les steaks de ce mélange pendant la cuisson.

6 Faites cuire les steaks au barbecue (gril) au-dessus de braises ardentes, en saisissant la viande sur la partie la plus chaude de la grille pendant 2 minutes par face, et en la badigeonnant du mélange huile et orange. Déplacez les steaks sur une zone légèrement moins chaude et faites-les cuire de 4 à 10 minutes sur chaque face, selon votre goût, en badigeonnant de temps à autre.

7 Transférez les steaks dans des assiettes, et servez avec la marmelade d'oignons rouges et les pommes de terre nouvelles.

Kébabs Surf & Turf

Le nom de cette recette australienne fait référence aux crevettes qui proviennent de la mer – le "surf" – et à la viande qui provient de la terre – le "turf".

Pour 6 personnes

INGRÉDIENTS

450 g de rumsteak ou d'aloyau
18 crevettes crues

MARINADE :
5 cuil. à soupe de sauce d'huître
1 cuil. à soupe de sauce de soja
3 cuil. à soupe de jus de citron
4 cuil. à café d'huile de tournesol

1 Découpez le steak en 24 morceaux de taille régulière, et mettez-les dans un plat non métallique.

2 Décortiquez les crevettes sans en détacher la queue (pour la présentation).

3 Pour la marinade, mélangez dans un bol la sauce d'huître, la sauce de soja, le jus de citron et l'huile de tournesol. Versez ce mélange sur la viande et laissez mariner 15 minutes.

4 Ajoutez les crevettes, mélangez soigneusement pour bien les enrober, et faites mariner 5 minutes.

5 Sortez la viande et les crevettes de la marinade que vous réserverez pour la cuisson. Enfilez la viande et les crevettes, en alternant, sur des brochettes en métal ou en bois prétrempées. (Le trempage des brochettes en bois permet d'éviter qu'elles ne brûlent pendant la cuisson).

6 Faites cuire les kébabs au barbecue (gril) de 5 à 10 minutes au-dessus de braises ardentes, en les retournant et en les arrosant régulièrement avec le reste de marinade.

7 Transférez les kébabs dans des assiettes chaudes.

VARIANTE

Ajoutez d'autres crustacés aux brochettes, comme du homard ou du crabe. Ces kébabs sont également délicieux avec une marinade d'herbes, d'ail et d'huile.

Kébabs de bœuf aux tomates et aux olives

Ces kébabs ont le goût du soleil méridional. La douceur des tomates, associée à la vigueur des olives, est tout simplement irrésistible.

Pour 8 personnes

INGRÉDIENTS

450 g de rumsteak ou d'aloyau
16 tomates cerises
16 grosses olives vertes dénoyautées
pain focaccia

ASSAISONNEMENT DE CUISSON :
4 cuil. à soupe d'huile d'olive
1 cuil. à soupe de vinaigre de Xérès
1 gousse d'ail écrasée
sel et poivre noir fraîchement moulu

SAUCE AUX TOMATES FRAÎCHES :
1 cuil. à soupe d'huile d'olive
1/2 oignon rouge finement haché
1 gousse d'ail hachée
6 tomates oblongues épépinées, pelées et hachées
2 olives vertes dénoyautées coupées en tranches
1 cuil. à soupe de persil frais haché
1 cuil. à soupe de jus de citron

1 Dégraissez le bœuf et découpez-le en 24 morceaux réguliers.

2 Enfilez la viande sur 8 brochettes en alternant avec les tomates cerises et les olives.

3 Pour l'assaisonnement, mélangez dans un bol l'huile, le vinaigre et l'ail. Salez et poivrez à volonté.

4 Pour la sauce, faites chauffer l'huile dans une petite casserole. Faites-y fondre l'oignon et l'ail pendant 3 à 4 minutes. Ajoutez les tomates et les olives et faites cuire pendant 2 à 3 minutes, jusqu'à ce que les tomates ramollissent légèrement. Ajoutez le persil et le jus de citron, mélangez, salez et poivrez à volonté. Mettez de côté, conservez au chaud ou laissez refroidir au réfrigérateur.

5 Faites cuire les brochettes au barbecue (gril) de 5 à 10 minutes au-dessus de braises ardentes, en les retournant et en les arrosant régulièrement avec l'assaisonnement. Servez avec la sauce tomate et des tranches de pain focaccia.

MON CONSEIL

Vous pouvez préparer les kébabs, leur assaisonnement et la sauce plusieurs heures à l'avance – et gagner en tranquillité. Pour un repas plus simple, servez les brochettes avec du pain frais croustillant et une salade composée.

Bœuf aux champignons des bois

Choisissez des steaks épais pour cette recette – ils seront plus faciles à ouvrir.

Pour 4 personnes

INGRÉDIENTS

4 steaks, filet ou aloyau
50 g de beurre
1-2 gousses d'ail écrasées

150 g de champignons des bois mélangés
2 cuil. à soupe de persil frais haché

ACCOMPAGNEMENT :
feuilles de salade
tomates cerises coupées en deux

1 Mettez les steaks sur une planche à découper, puis avec un couteau tranchant incisez une poche dans la tranche de chaque steak.

2 Pour la farce, faites chauffer le beurre dans une poêle, ajoutez-y l'ail et faites-le revenir à feu doux pendant 1 minute.

3 Mettez les champignons dans la poêle et faites-les sauter doucement pendant 4 à 6 minutes. Ajoutez le persil.

4 Répartissez les champignons en 4 portions, et placez-les dans les poches des steaks. Refermez les poches avec un cure-dent. Si le plat est préparé à l'avance, laissez refroidir les champignons avant de fourrer les steaks.

5 Faites cuire les steaks au-dessus de braises chaudes, en les saisissant 2 minutes par face sur la partie la plus chaude de la grille, avant de les déplacer sur une zone légèrement moins chaude 4 à 10 minutes par face, selon votre goût.

6 Transférez les steaks dans des assiettes chaudes et enlevez les cure-dents. Servez avec des feuilles de salade et des tomates cerises.

MON CONSEIL

Les champignons des bois, comme le shiitake, la pleurote et la chanterelle, se trouvent maintenant en supermarché. Il est généralement plus économique d'acheter une boîte de champignons mélangés que d'acheter les différents champignons séparément.

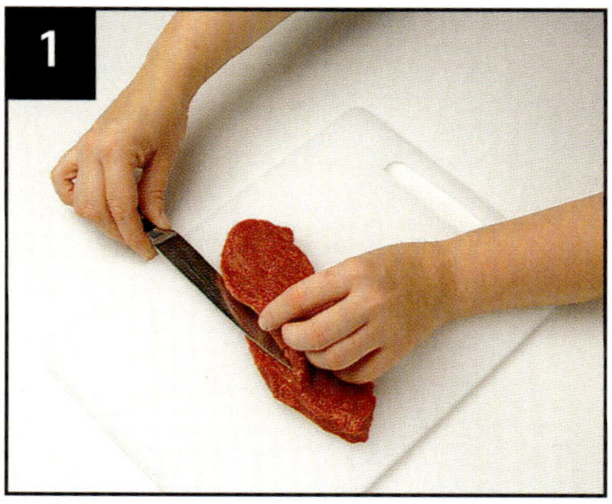

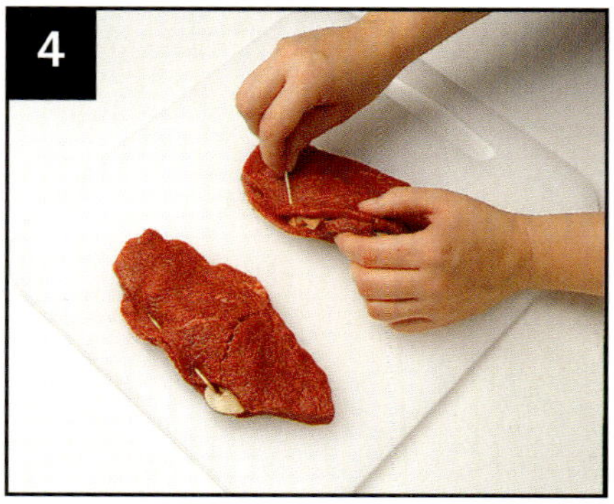

Brochettes de boulettes de viande

Les enfants adorent ces succulentes boulettes de viande en brochette, économiques et faciles à préparer.

Pour 8 personnes

INGRÉDIENTS

25 g de blé concassé
350 g de bœuf maigre haché
1 onion finement émincé (facultatif)
1 cuil. à soupe de ketchup
1 cuil. à soupe de sauce brune relevée fruitée
1 cuil. à soupe de persil frais haché
un œuf battu pour lier
8 tomates cerises
8 champignons de Paris
huile pour badigeonner
8 petits pains allongés, pour accompagner

1 Dans un bol, recouvrez le blé concassé d'eau bouillante. Laissez-le tremper pendant 20 minutes, ou jusqu'à ce qu'il soit tendre. Égouttez soigneusement et laissez refroidir.

2 Dans un bol, mettez le blé, le bœuf haché, l'oignon (facultatif), le ketchup, la sauce brune fruitée et le persil. Mélangez soigneusement. Si nécessaire, ajoutez un peu d'œuf battu pour lier le tout.

3 Avec les mains, formez 18 boulettes de taille régulière. Laissez refroidir 30 minutes au réfrigérateur.

4 Enfilez les boulettes de viande sur 8 brochettes de bois prétrempées, en alternant avec les tomates cerises et les champignons de Paris.

5 Badigeonnez les kébabs avec un peu d'huile et faites-les cuire environ 10 minutes au barbecue (gril) au-dessus de braises ardentes, en les retournant de temps à autre et en les badigeonnant d'un peu d'huile si nécessaire.

6 Transférez les kébabs dans des assiettes chaudes. Ouvrez les petits pains et, si vous préférez, faites-y glisser la viande et les légumes des brochettes pour servir.

MON CONSEIL

Le blé concassé 'gonfle' le bœuf, ce qui diminue le coût de ce plat. Il permet aussi d'aérer les boulettes de viande et de leur donner une consistance appréciée des enfants.

1

2

3

Tranches de venaison grillés

Le gibier a souvent un goût fort, qui s'accommode très bien de la cuisson au barbecue (gril). Faites-le mariner toute la nuit pour l'attendrir.

Pour 4 personnes

INGRÉDIENTS

4 tranches de venaison
150 ml de vin rouge
2 cuil. à soupe d'huile de tournesol
1 cuil. à soupe de vinaigre de vin rouge
1 oignon haché
quelques branches de persil
2 branches de thym frais
1 feuille de laurier
1 cuil. à café de sucre en poudre (extra fin)
$^1/_2$ cuil. à café de moutarde douce
sel et poivre

ACCOMPAGNEMENT :
pommes de terre en robe de chambre
feuilles de salade et tomates cerises

1 Mettez les tranches de venaison dans un plat non métallique peu profond.

2 Dans un bocal à couvercle hermétique, mettez le vin, l'huile, le vinaigre de vin, l'oignon, le persil frais, le thym, la feuille de laurier, le sucre, la moutarde. Salez et poivrez à volonté. Secouez bien pour mélanger. Vous pouvez également mélanger les ingrédients dans un bol à l'aide d'une fourchette.

3 Versez la marinade sur la venaison, couvrez et faites mariner toute la nuit au réfrigérateur. Retournez la viande de temps à autre pour qu'elle soit toujours bien recouverte.

4 Faites cuire la venaison au-dessus de braises chaudes, en la saisissant sur la partie la plus chaude de la grille pendant environ 2 minutes par face.

5 Déplacez la viande sur une zone légèrement moins chaude et faites cuire de 4 à 10 minutes par face, selon votre goût. Vérifiez la cuisson des tranches en y plantant l'extrémité d'un couteau – le jus éclaircit au fur et à mesure de la cuisson.

6 Servez avec les pommes de terre en robe de chambre, les feuilles de salade et les tomates cerises.

MON CONSEIL

On trouve de la venaison d'élevage toute l'année au rayon boucherie des supermarchés ou chez les bouchers. Ce plat est également délicieux accompagné d'une marmelade d'oignons rouges (voir page 104).

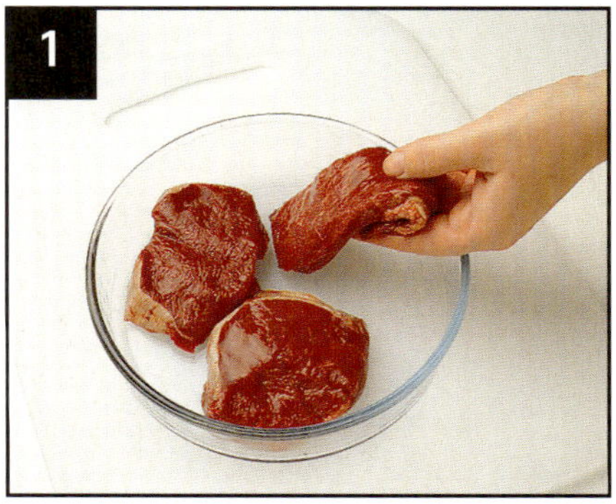

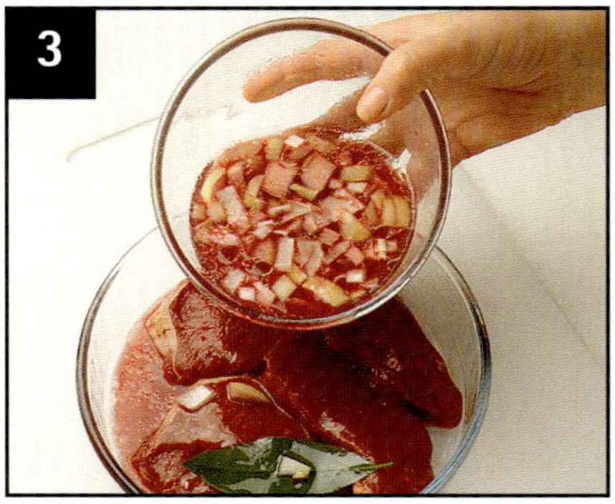

Hamburgers d'agneau à la menthe et aux pignons

Ces délicieux hamburgers ont des parfums de Grèce.
Servez-les dans le pain rond traditionnel ou dans de la pita (pain grec).

Pour 4 personnes

INGRÉDIENTS

450 g d'agneau haché maigre
1 petit oignon haché menu
50 g de pignons de pin
2 cuil. à soupe de menthe fraîche hachée
sel et poivre

ACCOMPAGNEMENT :
4 pitas ou petits pains ronds
75 g de feta
feuilles de salade

1 Dans un saladier, mélangez soigneusement l'agneau haché, l'oignon haché, les pignons et la menthe fraîche. Salez et poivrez à volonté.

2 Avec les mains, faites 4 portions égales, et donnez-leur la forme de hamburgers ronds en pétrissant bien le mélange. Laissez 30 minutes au réfrigérateur.

3 Faites cuire les hamburgers de 4 à 5 minutes par face au-dessus des braises chaudes, jusqu'à ce que le jus ne contienne plus de sang. Ne les retournez qu'une fois.

4 Faites réchauffer les pitas sur le bord de la grille ou faites griller les petits pains ronds.

5 Émiettez la feta en petits morceaux, et réservez-la jusqu'au moment voulu.

6 Garnissez les pitas ou les pains ronds de feuilles de salade, glissez les hamburgers à l'intérieur et parsemez de feta.

MON CONSEIL

Si vous n'avez pas de menthe fraîche, utilisez 1 ou 2 cuillerées à café de sauce à la menthe, au goût plus frais que la menthe déshydratée. Laissez les hamburgers au réfrigérateur jusqu'à la cuisson pour qu'ils se raffermissent et soient moins susceptibles de se défaire.

Côtes doubles glacées aux groseilles

La côte double est un morceau coupé au travers de la selle, mais si vous préférez, vous pouvez utiliser des côtes premières.

Pour 4 personnes

INGRÉDIENTS

4 cuil. à soupe de gelée de groseilles
2 cuil. à soupe de vinaigre de framboises
1/2 cuil. à café de romarin déshydraté
1 gousse d'ail écrasée
1 cuil. à soupe d'huile de tournesol
4 côtes doubles d'agneau ou 8 côtes premières d'agneau
4 petites aubergines
huile

1 Pour le glaçage, mélangez la gelée de groseilles, le vinaigre, le romarin, l'ail et l'huile dans une petite casserole, faites chauffer à feu doux en remuant de temps à autre, jusqu'à ce que la gelée fonde et que le mélange soit homogène.

2 Faites cuire les côtes au barbecue (gril) 5 minutes de chaque côté au-dessus de braises ardentes.

3 Coupez les aubergines en deux et badigeonnez-en généreusement l'intérieur d'huile.

4 Faites cuire les aubergines de 3 à 4 minutes par face avec les côtes d'agneau, jusqu'à ce qu'elles soient bien cuites. Mettez de côté et conservez au chaud.

5 Glacez les côtes au pinceau, et cuisez la viande au barbecue (gril) pendant 5 minutes de plus, sur chaque côté, en arrosant souvent, ou jusqu'à ce que la viande soit cuite. Gardez le glaçage aux groseilles au chaud, sur le côté du barbecue (gril).

6 Transférez l'agneau et les aubergines dans des assiettes chaudes, et nappez-les avec le reste du glaçage aux groseilles. Servez sans attendre.

VARIANTE

Vous pouvez accommoder d'autres morceaux d'agneau avec cette recette – les tranches de gigot ou côtes de mouton en particulier. Le glaçage aux groseilles convient également au poulet ; faites précuire des pilons de poulet à l'eau ou au four à micro-ondes, badigeonnez-les de glaçage aux groseilles, et finissez la cuisson au barbecue (gril).

3

4

6

INOX
MADE IN ITALY

Agneau en croûte d'épices

Le collet d'agneau est un morceau tendre et pas trop épais, idéal pour le barbecue.

Pour 4 personnes

INGRÉDIENTS

1 cuil. à soupe d'huile d'olive
2 cuil. à soupe de sucre roux
2 cuil. à soupe de moutarde à l'ancienne
1 cuil. à soupe de sauce de raifort
1 cuil. à soupe de farine de ménage
350 g de collet d'agneau
sel et poivre

ACCOMPAGNEMENT :
salade de chou cru
rondelles de tomate

1 Mélangez soigneusement l'huile, le sucre, la moutarde, la sauce de raifort et la farine dans un plat non métallique peu profond. Salez et poivrez à volonté.

2 Roulez l'agneau dans le mélange épicé de manière à ce qu'il soit recouvert de toute part.

3 Huilez légèrement un ou deux morceaux de papier aluminium ou un grand rectangle d'aluminium double épaisseur. Disposez l'agneau dans l'aluminium et refermez soigneusement.

4 Mettez la papillote au-dessus de braises ardentes pendant 30 minutes en retournant de temps à autre.

5 Ouvrez la papillote, arrosez l'agneau du jus de cuisson, et prolongez la cuisson au barbecue (gril) de 10 à 15 min. ou jusqu'à ce que l'agneau soit cuit.

6 Transférez l'agneau dans un plat de service chaud et enlevez le papier aluminium. Découpez la viande en tranches épaisses et servez avec la salade de chou cru et quelques rondelles de tomates.

MON CONSEIL

L'agneau est une viande plus grasse que le bœuf, qui se prête particulièrement bien à la cuisson au barbecue (gril).

MON CONSEIL

La seconde partie de la cuisson peut se faire directement sur la grille, sans ôter le papier aluminium, pour accentuer le goût donné par le barbecue (gril). Badigeonnez d'huile si nécessaire.

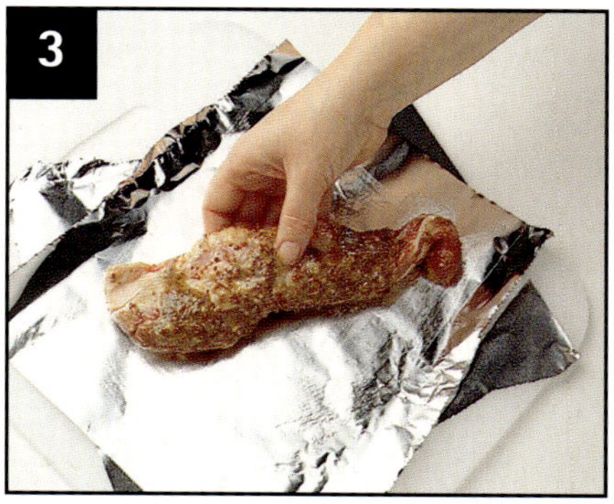

Kibbeh

Ce plat libanais se rapproche du kofte turc et de la kofta indienne, mais les épices utilisées pour parfumer la viande sont différentes.

Pour 8 personnes

INGRÉDIENTS

75 g de semoule de blé dur
1 petit oignon
350 g d'agneau maigre haché
1/2 cuil. à café de cannelle moulue
1/4 cuil. à café de Cayenne
4 cuil. à café de quatre-épices moulu
salade verte et rondelles d'oignon (accompagnement)

ASSAISONNEMENT DE CUISSON :
2 cuil. à soupe de ketchup
2 cuil. à soupe d'huile de tournesol

1 Dans un saladier, recouvrez la semoule de blé d'eau froide, et laissez-la tremper 30 minutes ou jusqu'à ce qu'elle ait gonflé et soit devenue tendre. Vous pouvez aussi la préparez en suivant les instructions indiquées sur le paquet.

2 Égouttez soigneusement la semoule à la passoire, en la pressant pour en exprimer le maximum d'eau.

3 Hachez finement l'oignon au mixeur, ajoutez-y la viande et mixez le tout brièvement. Si vous n'avez pas de mixeur, râpez l'oignon avant de le mélanger à l'agneau.

4 Mélangez soigneusement la semoule, l'agneau et les épices. Divisez le mélange en 8 portions égales. Malaxez et mettez en forme sur 8 brochettes, en pressant fermement pour que le mélange ne se défasse pas. Mettez au réfrigérateur 30 minutes.

5 Pour l'assaisonnement, mélangez l'huile et le ketchup.

6 Faites cuire les kibbeh au barbecue (gril) au-dessus de braises chaudes pendant 10 à 15 minutes, en les retournant et en les badigeonnant régulièrement d'assaisonnement. Servez avec des rondelles d'oignon grillées et de la salade verte.

VARIANTE

La sauce épicée de cette recette convient également aux légumes cuits au barbecue (grillés).

MON CONSEIL

Passer la viande au mixeur finit de la hacher et permet au mélange de ne pas se défaire. La semoule vient 'gonfler' la viande ce qui diminue le coût de la recette. Vous pouvez faire de même avec d'autres types de viandes hachées pour confectionner des kébabs ou des hamburgers.

1

2

3

Travers d'agneau grillés

Ces travers d'agneau, à la fois doux et épicés, se mangent avec les doigts. N'oubliez pas les serviettes !

Pour 4 personnes

INGRÉDIENTS

Poitrine d'agneau, environ 700 g
3 cuil. à soupe de chutney doux
4 cuil. à soupe de ketchup
2 cuil. à soupe de vinaigre de vin
2 cuil. à café de sauce de Worcestershire
2 cuil. à café de moutarde douce
1 cuil. à soupe de sucre roux

ACCOMPAGNEMENT :
feuilles de salade
tomates cerises

1 À l'aide d'un couteau tranchant, découpez la poitrine entre les côtes en plus petits morceaux.

2 Faites bouillir une grande casserole d'eau, plongez-y l'agneau et faites précuire environ 5 minutes. Sortez la viande de l'eau et égouttez-la soigneusement sur du papier absorbant.

3 Pour faire la sauce, mélangez le chutney, le ketchup, le vinaigre de cidre, la sauce de Worcestershire, la moutarde et le sucre dans un récipient non métallique peu profond.

4 Avec un couteau tranchant, découpez les morceaux d'agneau en côtes, mettez-les dans la sauce et mélangez soigneusement pour bien les enrober.

5 Sortez les travers de la sauce et réservez cette dernière pour la cuisson.

6 Faites cuire les travers au barbecue (gril) de 10 à 15 minutes au-dessus de braises ardentes, en les retournant et en les badigeonnant régulièrement avec la sauce réservée.

7 Transférez les travers d'agneau dans des assiettes chaudes. Servez sans attendre avec les feuilles de salade et les tomates cerises.

VARIANTE

Utilisez de la poitrine de porc que vous ferez précuire, comme l'agneau, pour le dégraisser.

MON CONSEIL

Si vous manquez de temps, achetez des travers d'agneau déjà tout préparés en grande surface.

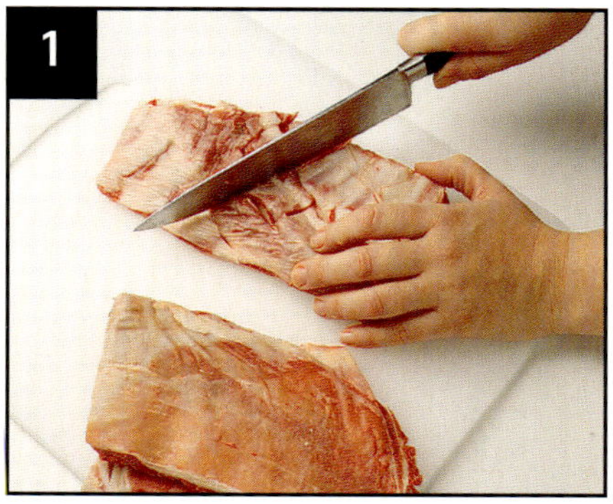

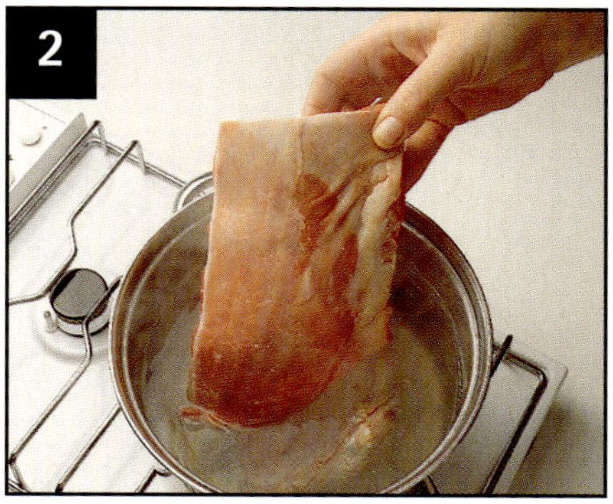

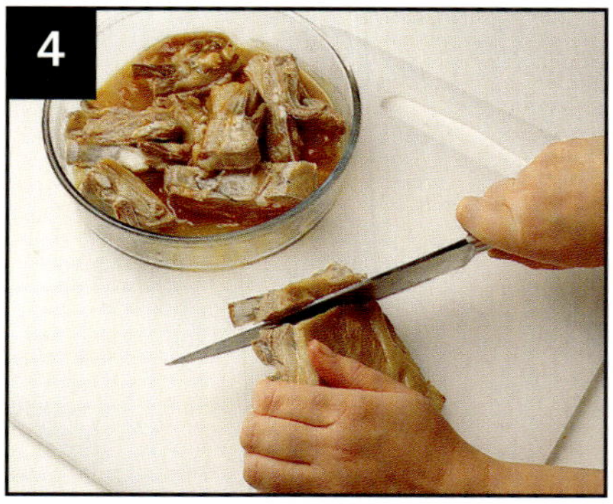

Gigot d'agneau en papillon, au vinaigre basalmique et à la menthe

Cette recette tire son nom de la présentation du gigot, ouvert pour la cuisson au barbecue (gril).

Pour 4 personnes

INGRÉDIENTS

1 gigot d'agneau non désossé d'environ 1,8 kg
8 cuil. à soupe de vinaigre basalmique
zeste et jus d'un citron
150 ml d'huile de tournesol
4 cuil. à soupe de menthe fraîche hachée
2 gousses d'ail écrasées
2 cuil. à soupe de sucre roux
sel et poivre

ACCOMPAGNEMENT :
légumes grillés
feuilles de salade verte

1 Coupez le gigot le long de l'os, et ouvrez-le de manière à lui faire prendre la forme d'un papillon. Enfilez deux ou trois brochettes dans la viande pour pouvoir la retourner plus aisément sur le barbecue (gril).

2 Mélangez le vinaigre basalmique, le zeste et le jus de citron, l'huile, la menthe, l'ail, le sucre, sel et poivre à volonté, dans un plat non métallique assez grand pour accommoder le gigot.

3 Mettez le gigot dans ce plat et tournez-le plusieurs fois pour bien le recouvrir de marinade. Faites mariner au moins 6 heures ou toute la nuit de préférence, en retournant la viande de temps à autre.

4 Sortez le gigot de la marinade en conservant celle-ci pour la cuisson.

5 Disposez la grille à 15 cm des braises et faites cuire le gigot environ 30 minutes de chaque côté, en le retournant une fois et en le badigeonnant régulièrement de marinade.

6 Transférez l'agneau sur une planche à découper et enlevez les brochettes. Découpez le gigot en tranches et servez avec les légumes grillés et les feuilles de salade verte.

MON CONSEIL

Vous pouvez également faire cuire l'agneau 30 minutes au four préchauffé à 180°C/ th. 4, puis le terminer au barbecue (gril).

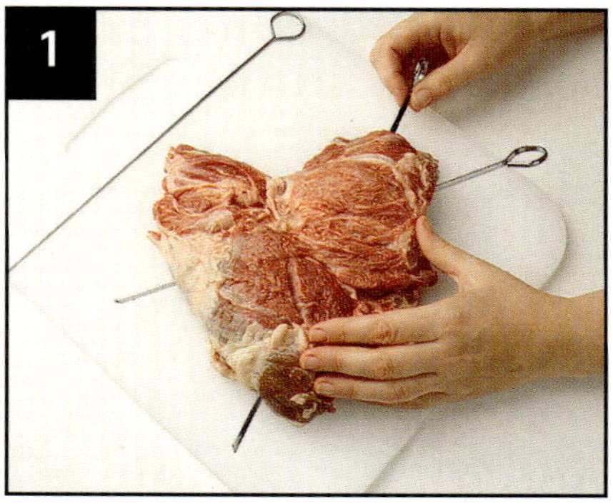

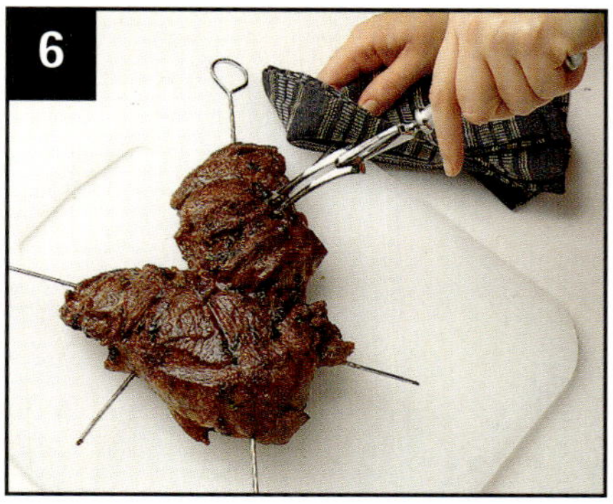

Brochettes d'agneau au vin rouge

Utilisez un vin rouge de bonne qualité.
Vous pouvez remplacer les herbes fraîches de la marinade par un bouquet garni.

Pour 4 personnes

INGRÉDIENTS

450 g d'agneau maigre
12 petits oignons ou échalotes
12 champignons de Paris
feuilles de salade et tomates cerises

MARINADE :
150 ml de vin rouge
4 cuil. à soupe d'huile d'olive
2 cuil. à soupe de brandy (facultatif)
1 oignon coupé en rondelles
1 feuille de laurier
1 branche de thym frais
2 branches de persil frais

1 Enlevez soigneusement l'excès de graisse de l'agneau et découpez la viande en morceaux.

2 Pour la marinade, mélangez le vin, l'huile, le brandy (facultatif), l'oignon, la feuille de laurier, le thym et le persil dans un récipient non métallique.

3 Ajoutez la viande et remuez de manière à complètement la recouvrir de marinade. Couvrez et faites mariner au réfrigérateur au moins 2 heures ou toute la nuit de préférence.

4 Portez une casserole d'eau à ébullition, jetez-y les petits oignons non pelés et faites-les blanchir 3 minutes. Égouttez et rafraîchissez les oignons sous l'eau froide, puis égouttez-les à nouveau avant de les éplucher, ce qui se fera alors facilement.

5 Sortez la viande de la marinade en réservant le liquide pour la cuisson. Embrochez les morceaux d'agneau en alternant avec les champignons et les oignons.

6 Faites cuire les kébabs au barbecue (gril) de 8 à 10 minutes au-dessus de braises ardentes, en retournant et en arrosant plusieurs fois la viande et les légumes de marinade.

7 Transférez les kébabs d'agneau dans un plat de service chaud, et servez avec les feuilles de salade et les tomates cerises.

VARIANTE

Essayez cette recette avec du bœuf. Vous pouvez également ajouter des rouleaux de bacon sur les brochettes.

Kébabs d'agneau à la marocaine

Ces kébabs marinés aux épices marocaines ne sont pas forts, mais vous pouvez les relever en ajoutant le piment.

Pour 4 personnes

INGRÉDIENTS

450 g d'agneau maigre
1 citron
1 oignon rouge
4 petites courgettes
semoule de blé dur, en accompagnement (voir Mon Conseil)

MARINADE :
zeste et jus d'un citron
2 cuil. à soupe d'huile d'olive
1 gousse d'ail écrasée
1 piment rouge coupé en rondelles (facultatif)
1 cuil. à café de cannelle en poudre
1 cuil. à café de gingembre moulu
1/2 cuil. à café de cumin moulu
1/2 cuil. à café de coriandre moulue

1 Découpez l'agneau en gros morceaux de taille régulière.

2 Pour la marinade, mélangez dans un saladier le zeste et le jus de citron, l'huile, l'ail, le piment (facultatif), la cannelle en poudre, le gingembre, le cumin et la coriandre.

3 Mettez la viande dans la marinade et mélangez de manière à bien l'enduire. Couvrez et faites mariner au réfrigérateur au moins 2 heures, de préférence toute la nuit.

4 Coupez le citron en 8. Coupez l'oignon en quartiers puis séparez chaque quartier en deux.

5 Avec un épluche-légumes, ôtez de fines bandes de peau des courgettes, puis coupez ces dernières en morceaux.

6 Sortez la viande de la marinade en réservant le liquide pour la cuisson. Embrochez la viande en alternant avec l'oignon, le citron et la courgette.

7 Faites cuire au barbecue (gril) de 8 à 10 minutes au-dessus de braises ardentes en retournant et en badigeonnant avec la marinade réservée. Servez sur un lit de semoule (voir Mon Conseil ci-dessous)

MON CONSEIL

Servez ces kébabs accompagnés de semoule ou de taboulé. Faites gonfler 60 g de semoule par personne dans de l'eau froide pendant 20 minutes, ou jusqu'à ce que les graines soient tendres. Égouttez et faites cuire 10 minutes à la vapeur, ou jusqu'à ce que la semoule soit très chaude.

4

5

6

Chiches-kébabs

Cette recette tire son nom des mots turcs 'sis' (brochette) et 'kebap' (viande rôtie). Un classique de la vente à emporter, le chiche-kébab est facile à réaliser chez soi.

Pour 4 personnes

INGRÉDIENTS

450 g d'agneau maigre
1 oignon rouge coupé en quartiers
1 poivron vert épépiné

MARINADE :
1 oignon
4 cuil. à soupe d'huile d'olive
zeste et jus d'un demi-citron
1 gousse d'ail écrasée
1/2 cuil. à café d'origan déshydraté
1/2 cuil. à café de thym déshydraté

ACCOMPAGNEMENT :
4 pitas (pains grecs)
2 tomates en rondelles
quelques feuilles de salade croquante découpées en lanières
sauce au piment (facultatif)

1 Découpez l'agneau en gros dés de taille régulière.

2 Pour la marinade, râpez l'oignon ou hachez-le finement au mixeur. Extrayez le jus en le pressant entre deux assiettes au-dessus d'un bol pour en recueillir le jus.

3 Dans un saladier mélangez le jus d'oignon aux autres ingrédients de la marinade, et incorporez-y la viande. Mélangez soigneusement, couvrez et faites mariner au moins 2 heures au réfrigérateur, ou toute la nuit de préférence.

4 Séparez les quartiers d'oignon en deux. Coupez le poivron en morceaux.

5 Retirez la viande de la marinade en conservant le liquide pour la cuisson. Embrochez la viande en alternant avec l'oignon et le poivron. Faites-la cuire au barbecue (gril) de 8 à 10 minutes au-dessus de braises ardentes, en la retournant et en l'arrosant de marinade.

6 Ouvrez les pitas et garnissez-les d'un peu de salade. Faites glisser les brochettes dans le pain et garnissez de tomates et de sauce au piment.

VARIANTE

Servez ces kébabs avec du riz parfumé au safran et une salade composée. Pour faire facilement un riz au safran, ajoutez simplement des cubes de bouillon de safran à l'eau de cuisson du riz.

Côtelettes d'agneau au romarin

Un classique du barbecue, accompagné d'une salade de tomate et d'oignon, et de pommes de terre en robe de chambre pour un parfait déjeuner dominical.

Pour 4 personnes

INGRÉDIENTS

8 côtelettes d'agneau
5 cuil. à soupe d'huile d'olive
2 cuil. à soupe de jus de citron
1 gousse d'ail écrasée
$^{1}/_{2}$ cuil. à café de poivre au citron
sel

8 branches de romarin
pommes de terre en robe de chambre

SALADE :
4 tomates coupées en rondelles
4 ciboules tranchées en diagonale

ASSAISONNEMENT :
2 cuil. à soupe d'huile d'olive
1 cuil. à soupe de jus de citron
1 gousse d'ail hachée
$^{1}/_{4}$ de cuil. à café de romarin frais, haché menu

1 À l'aide d'un couteau tranchant, enlevez l'excédent de gras des côtelettes, de façon à exposer le bout des os.

2 Dans un saladier, mettez l'huile, le jus de citron, l'ail, le poivre au citron et le sel, et battez à la fourchette pour bien mélanger.

3 Mettez les branches de romarin dans le saladier, et posez-y les côtelettes. Faites mariner au moins une heure en retournant les côtelettes une fois.

4 Sortez les côtelettes de la marinade et recouvrez les os de papier aluminium, pour éviter qu'ils ne se carbonisent.

5 Disposez les branches de romarin sur la grille et placez-y les côtelettes dessus. Faites cuire au barbecue (gril) de 10 à 15 minutes en retournant une fois.

6 Pendant ce temps, préparez la salade et son assaisonnement. Disposez les tomates dans un plat de service et parsemez-les de ciboule. Mettez tous les ingrédients de l'assaisonnement dans un bocal à couvercle hermétique, secouez bien et versez sur la salade. Servez la salade avec les côtelettes grillées et les pommes de terre en robe de chambre.

MON CONSEIL

Choisissez des pommes de terre de taille moyenne si vous voulez les faire cuire au barbecue (grill). Nettoyez-les soigneusement, piquez-les avec une fourchette et entourez-les de papier aluminium beurré. Faites-les cuire pendant 50 à 60 minutes dans la braise ardente.

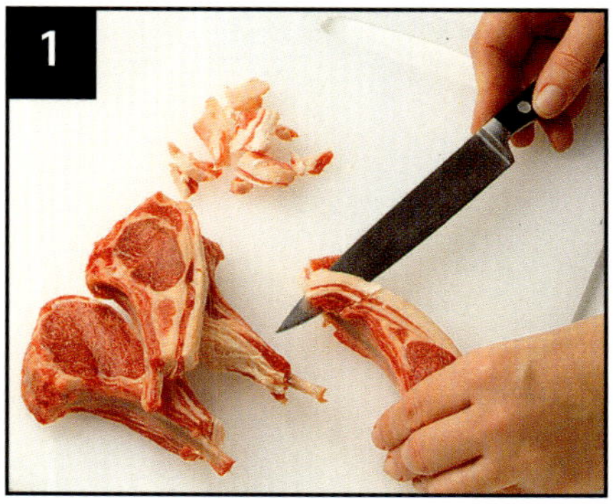

Agneau à la mangue et au piment

Ces côtes d'agneau, avec leur garniture piquante à la mangue, sont inoubliables.

Pour 4 personnes

INGRÉDIENTS

4 côtes d'agneau
4 cuil. à soupe de chutney de mangue
2 cuil. à café de sauce au piment
légumes grillés

GARNITURE DE MANGUE ÉPICÉE :
1 mangue mûre
2 cuil. à soupe de vinaigre de cidre
2 cuil. à soupe de sucre roux
1/2 cuil. à café de cannelle moulue
1/2 cuil. à café de gingembre moulu

1 Pour la sauce à la mangue, ouvrez la mangue dans le sens de la longueur et ôtez le noyau. Épluchez-la et coupez la pulpe en morceaux de taille régulière.

2 Mettez le vinaigre de cidre, le sucre, la cannelle et les épices dans une petite casserole et faites chauffer à feu doux, en remuant constamment jusqu'à ce que le sucre soit dissous.

3 Incorporez la mangue à ce mélange, et faites cuire 5 minutes au bord de la grille ou à feu doux, jusqu'à ce que la mangue ait une consistance moelleuse.

4 Faites cuire les côtes au barbecue (gril) sur une grille huilée, environ 4 minutes par face.

5 Mélangez dans un bol le chutney de mangue et la sauce au piment, et badigeonnez-en les côtes.

6 Poursuivez la cuisson des côtes de 2 à 5 minutes par face en les retournant et les badigeonnant régulièrement avec l'assaisonnement de chutney et de piment.

7 Servez avec les légumes grillés et la garniture de mangue épicée.

VARIANTE

La garniture de mangue peut aussi être servie froide. Cuisez les ingrédients à feu doux pendant 5 minutes, puis enlevez du feu et laissez refroidir. Mettez au réfrigérateur jusqu'au moment de servir. L'assaisonnement de chutney et de piment peut agrémenter d'autres morceaux d'agneau ou des côtes de porc.

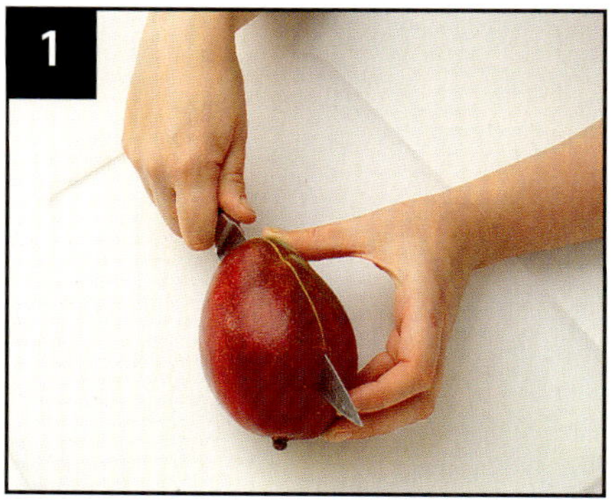

Kofta à l'indienne

L'agneau haché est mélangé à une pâte de curry pour réaliser des kébabs à l'indienne, servis avec une rafraîchissante sambal (salade de tomates).

Pour 8 personnes

INGRÉDIENTS

1 petit oignon
450 g d'agneau haché
2 cuil. à soupe de pâte de curry
2 cuil. à soupe de yaourt nature
huile pour badigeonner

SAMBAL :
3 tomates épépinées détaillées en dés
une pincée de coriandre moulue
une pincée de cumin moulu
2 cuil. à café de coriandre fraîche hachée
sel et poivre

ACCOMPAGNEMENT :
popadums (sortes de fines galettes indiennes épicées très friables)
chutney

1 Hachez finement l'oignon au mixeur. Ajoutez-y l'agneau et mixez le tout brièvement pour que le mélange soit bien homogène. Mixez à nouveau le mélange pour éviter qu'il ne se défasse lors de la cuisson. Si vous n'avez pas de mixeur, râpez l'oignon finement avant de le mélanger à l'agneau.

2 Ajoutez la pâte de curry et le yaourt, et mélangez soigneusement. Divisez la préparation en 8 portions égales.

3 Faites 8 saucisses avec la préparation en malaxant bien, et enfilez-les sur les brochettes en les pressant pour qu'elles conservent leur forme. Mettez au réfrigérateur au moins 30 minutes.

4 Pour la sambal de tomates, mélangez dans un bol les tomates, les épices et la coriandre hachée. Salez et poivrez à volonté. Laissez reposer au moins 30 minutes pour que les arômes se développent.

5 Faites cuire les kébabs au barbecue (gril) de 10 à 15 minutes sur une grille huilée au-dessus de braises ardentes, en les retournant régulièrement. Badigeonnez-les au besoin d'un peu d'huile.

6 Transférez dans des assiettes et garnissez de coriandre fraîche. Servez avec les popadums, le chutney et la sambal de tomates.

2

3

4

Filet d'agneau aux épices douces

Collet d'agneau rehaussé d'un glaçage doux aux épices et cuit en papillote, pour en préserver le fondant.

Pour 4 personnes

INGRÉDIENTS

2 filets de collet d'agneau de 225 g chacun
1 cuil. à soupe d'huile d'olive
1/2 oignon finement émincé
1 gousse d'ail écrasée
un morceau de rhizome de gingembre frais de 2,5 cm, râpé
5 cuil. à soupe de jus de pomme
3 cuil. à soupe de sauce à la pomme
1 cuil. à soupe de sucre roux
1 cuil. à soupe de ketchup
1/2 cuil. à café de moutarde douce
sel et poivre
feuilles de salade, croûtons et pain frais croustillant (accompagnement)

1 Disposez le filet d'agneau dans un grand morceau de papier aluminium en double épaisseur. Salez et poivrez à volonté.

2 Dans une petite casserole, faites chauffer l'huile. Faites-y blondir l'oignon et l'ail de 2 à 3 minutes. Incorporez le gingembre râpé, et faites cuire 1 minute en remuant de temps à autre.

3 Tout en remuant, ajoutez le jus de pomme, la sauce à la pomme, le sucre, le ketchup et la moutarde, puis portez à ébullition. Faire bouillir rapidement pendant 10 minutes pour que la sauce se réduise de moitié. Remuez-la de temps à autre pour éviter qu'elle ne brûle et ne prenne au fond.

4 Badigeonnez l'agneau avec la moitié de cette sauce, puis refermez le papier aluminium de manière à envelopper l'agneau hermétiquement. Faites cuire au barbecue (gril) environ 25 minutes au-dessus de braises ardentes en retournant la papillote de temps à autre.

5 Ouvrez la papillote et badigeonnez l'agneau avec la sauce. Continuez la cuisson pendant 15 à 20 minutes ou jusqu'à ce que la viande soit cuite.

6 Placez l'agneau sur une planche à découper, enlevez l'aluminium et découpez la viande en tranches épaisses. Transférez les tranches dans les assiettes et nappez avec le reste de sauce. Servez avec les feuilles de salade, les croûtons et le pain frais croustillant.

MON CONSEIL

La première partie de la cuisson peut se faire au four préchauffé à 180°C/ th. 4. Mettez la papillote dans un plat à four pour éviter toute fuite du jus de cuisson.

3

4

5

Noisettes d'agneau et salsa de tomate

L'agneau est ici accompagné d'une savoureuse sauce portoricaine.
Si vous aimez les plats un peu relevés, rajoutez de la sauce au piment dans la salsa et la marinade.

Pour 4 personnes

INGRÉDIENTS

8 noisettes d'agneau
4 feuilles de basilic
2 cuil. à soupe d'huile d'olive
zeste et jus d'un demi citron vert
sel et poivre
branche de basilic frais
feuilles de salade (accompagnement)

SALSA :
6 tomates
4 feuilles de basilic
8 olives vertes fourrées
1 cuil. à soupe de jus de citron vert
une pincée de sucre en poudre

1 Mettez les noisettes d'agneau dans un plat peu profond non métallique. Déchiquetez les feuilles de basilic et parsemez-en la viande.

2 Versez l'huile et le jus de citron vert sur l'agneau, puis ajoutez le zeste de citron vert. Salez et poivrez à volonté. Couvrez et faites mariner au réfrigérateur une heure au moins, toute la nuit de préférence.

3 Pour la salsa, pelez les tomates : faites-leur une entaille en croix au niveau de la queue et plongez- les dans l'eau bouillante pendant environ 30 secondes, récupérez-les avec une écumoire et enlevez-leur la peau.

4 Coupez les tomates en deux, à l'aide d'une cuillère, épépinez-les et coupez-les en gros dés. Déchiquetez les feuilles de basilic. Hachez les olives. Dans un bol, mélangez les tomates, le basilic, les olives, le jus de citron vert et le sucre, et laisser mariner au moins 1 heure.

5 Retirez l'agneau de la marinade en conservant celle-ci pour la cuisson. Faites-le cuire au barbecue (gril) pendant 10 à 15 minutes de plus au-dessus de braises ardentes en le retournant une fois et en l'arrosant de marinade.

6 Garnissez d'une branche de basilic et servez accompagné de la salsa de tomates et garni de feuilles de salade.

MON CONSEIL

Les olives vertes sont cueillies et mises en conserve avant leur maturité. Elles sont parfois mises en saumure et fourrées avec un petit piment rouge ou une amande. Pour cette recette, vous pouvez utiliser toutes sortes d'olives fourrées.

1

2

3

Porc à l'antillaise

Servez ces succulentes côtes de porc marinées accompagnées de riz parfumé à la noix de coco, et de patates douces aux épices (voir page 178).

Pour 4 personnes

INGRÉDIENTS

4 côtes premières de porc
4 cuil. à soupe de sucre roux
4 cuil. à soupe de jus d'orange ou d'ananas
2 cuil. à soupe de rhum jamaïcain
1 cuil. à soupe de noix de coco séchée râpée
1/2 cuil. à café de cannelle moulue
mélange de feuilles de salade

RIZ À LA NOIX DE COCO :
225 g de riz Basmati
450 ml d'eau
150 ml de lait de coco
4 cuil. à soupe de raisins secs
4 cuil. à soupe de cacahuètes ou noix de cajou grillées
sel et poivre
2 cuil. à soupe de noix de coco déshydratée et râpée, grillée

1 Enlevez l'excès de gras de la viande et mettez-la dans un plat peu profond et non métallique.

2 Dans un bol, mélangez le sucre, le jus de fruit, le rhum, la noix de coco et la cannelle, remuez jusqu'à dissolution du sucre. Versez ce mélange sur les côtes de porc et faites mariner au moins 2 heures, ou toute la nuit de préférence, au réfrigérateur.

3 Retirez le porc de la marinade en conservant le liquide pour la cuisson. Faites-le cuire au barbecue (gril) de 15 à 20 minutes au-dessus de braises ardentes, en l'arrosant avec la marinade.

4 Pendant ce temps, préparez le riz parfumé à la noix de coco. Rincez le riz à l'eau froide, mettez-le dans une casserole avec l'eau et le lait de coco et portez doucement à ébullition. Remuez, couvrez et baissez le feu. Laissez cuire doucement pendant 12 minutes ou jusqu'à ce que le riz soit tendre et que le liquide ait disparu. Aérez le riz avec une fourchette.

5 Incorporez au riz les raisins secs et les cacahuètes ou les noix de cajou, salez et poivrez à volonté et parsemez de noix de coco. Transférez le porc et le riz dans des assiettes chaudes et servez avec le mélange de salade.

VARIANTE

Ces côtes de porc s'accompagnent bien de tranches d'ananas grillées au barbecue (gril). Parsemez l'ananas de sucre roux et de cannelle avant de le faire cuire 5 minutes au-dessus de braises ardentes, en retournant une fois les tranches de fruit.

2

4

5

Tranches de jambon aux rondelles de pommes épicées

Ce plat est rapide car il ne nécessite pas de marinade. Le jambon, au bel ârome prononcé, s'accommode fort bien de la cuisson au barbecue (gril).

Pour 4 personnes

INGRÉDIENTS

4 tranches de jambon épaisses d'environ 175 g chacune
1-2 cuil. à café de moutarde à l'ancienne
1 cuil. à soupe de miel
2 cuil. à soupe de jus de citron
1 cuil. à soupe d'huile de tournesol

RONDELLES DE POMME :
2 pommes
2 cuil. à café de sucre roux
1/4 de cuil. à café de noix de muscade moulue
1/4 de cuil. à café de cannelle moulue
1/4 de cuil. à café de quatre-épices moulu
1-2 cuil. à soupe de beurre fondu

1 Avec une paire de ciseaux, faites quelques incisions sur les bords du jambon pour éviter qu'il ne s'enroule pendant la cuisson. Étalez un peu de moutarde à l'ancienne sur chaque tranche.

2 Dans un bol, mélangez le miel, le jus de citron et l'huile.

3 Pour les rondelles de pomme, videz les pommes et coupez-les horizontalement en rondelles épaisses. Mélangez le sucre et les épices, et pressez les rondelles de pomme dans ce mélange pour bien les recouvrir des deux côtés.

4 Faites cuire ces tranches au barbecue (gril), de 3 à 4 minutes par face au-dessus de braises ardentes, en les badigeonnant avec le mélange miel-citron, pour éviter que la viande ne se dessèche pendant la cuisson.

5 Badigeonnez les rondelles de pomme avec un peu de beurre fondu, et faites-les cuire avec le porc pendant 3 à 4 minutes en les retournant une fois, et en les badigeonnant en cours de cuisson.

6 Servez les tranches de jambon garnies de rondelles de pomme.

MON CONSEIL

Le jambon peut être un peu salé. Si vous avez le temps, faites-le tremper de 30 à 60 minutes dans de l'eau froide avant la cuisson – ce processus éliminera l'excès de sel.

VARIANTE

Remplacez la pomme par des rondelles d'ananas cuites de la même manière.

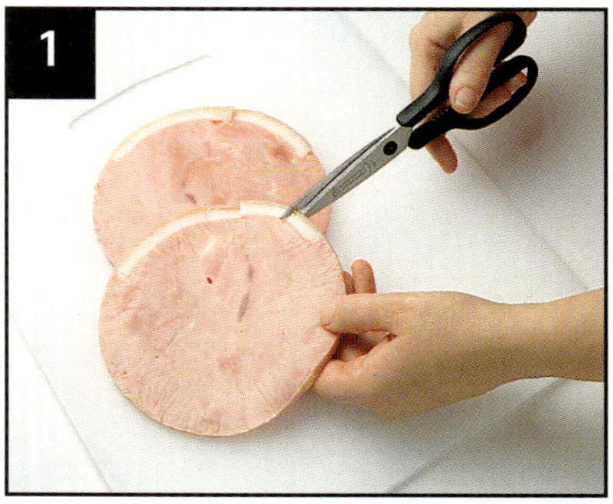
1

3

5

Brochettes de porc et de pommes à la moutarde

Parfumés et servis avec une sauce moutarde, ces kébabs font un déjeuner idéal, et trouveront aussi leur place dans une soirée barbecue (grillade) entre amis.

Pour 4 personnes

INGRÉDIENTS

450 g de filet de porc
2 pommes
un peu de jus de citron
1 citron
2 cuil. à café de moutarde à l'ancienne
2 cuil. à café de moutarde de Dijon
2 cuil. à soupe de jus de pomme ou d'orange
2 cuil. à soupe d'huile de tournesol
pain de campagne frais croustillant (accompagnement)

SAUCE MOUTARDE :
1 cuil. à soupe de moutarde à l'ancienne
1 cuil. à café de moutarde de Dijon
6 cuil. à soupe de crème liquide

1 Pour la sauce moutarde, mélangez les deux moutardes dans un bol et incorporez-y délicatement la crème. Laissez reposer pendant la préparation des brochettes.

2 Découpez le filet de porc en petits morceaux.

3 Videz les pommes, puis coupez-les en tranches épaisses. Versez un peu de jus de citron sur les tranches pour les empêcher de noircir. Coupez le citron en rondelles.

4 Enfilez le porc, la pomme et les rondelles de citron en les alternant sur 4 brochettes.

5 Mélangez les moutardes, le jus de fruit et l'huile et badigeonnez les kébabs avec ce mélange. Faites cuire les brochettes au barbecue (gril) de 10 à 15 minutes au-dessus des braises ardentes, en les retournant et en les badigeonnant régulièrement avec la marinade à la moutarde.

6 Transférez les kébabs dans des assiettes chaudes. Nappez-les d'un peu de sauce moutarde et servez avec du pain de campagne frais et croustillant.

MON CONSEIL

Vous trouverez de nombreuses variétés de moutardes, dont la moutarde anglaise, très forte, la moutarde de Dijon qui est un peu plus douce, et la moutarde à l'ancienne avec ses graines de moutarde entières. On trouve également des moutardes parfumées, au miel ou au piment par exemple. Il est toujours pratique d'en avoir plusieurs sortes dans ses placards.

1

4

5

Travers de porc à la sauce à la prune

Les travers de porc rencontrent toujours un vif succès et vous pouvez les accommoder de différentes manières. Cette recette, légèrement douce, a de délicieuses saveurs orientales.

Pour 4 à 6 personnes

INGRÉDIENTS

900 g de travers de porc
2 cuil. à soupe d'huile de tournesol
1 cuil. à café d'huile de sésame
2 gousses d'ail écrasées
un morceau de 2,5 cm de rhizome de gingembre frais, râpé
150 ml de sauce à la prune
2 cuil. à soupe de xérès sec
2 cuil. à soupe de sauce hoi-sin
2 cuil. à soupe de sauce de soja
4-6 ciboules (garniture facultative)

1 Pour la garniture, raccourcissez les ciboules à environ 7,5 cm. Ouvrez les deux extrêmités en lanières fines sans toucher à la partie centrale.

2 Faites tremper les ciboules dans un saladier d'eau glacée au moins 30 minutes, jusqu'à ce que les extrêmités s'enroulent. Laissez-les dans l'eau jusqu'au moment voulu.

3 Découpez les travers s'ils sont en un seul morceau. Portez une grande casserole d'eau à ébullition, faites-les précuire 5 minutes. Égouttez-les soigneusement.

4 Faites chauffer les huiles dans une casserole, ajoutez-y l'ail et le gingembre et faites cuire à feu doux pendant 1 à 2 minutes pour en extraire le goût. Incorporez la sauce à la prune, le xérès, la sauce hoi-sin et la sauce de soja, puis faites chauffer.

5 Badigeonnez de sauce les travers de porc. Faites cuire au barbecue (gril) de 5 à 10 minutes au-dessus de braises ardentes, puis déplacez la viande sur une partie moins chaude de la grille. Faites cuire de 15 à 20 minutes de plus en arrosant avec le reste de sauce. Garnissez avec les ciboules et servez chaud.

MON CONSEIL

La précuisson à l'eau permet d'éliminer l'excès de graisse des travers, et d'éviter qu'ils ne se fendent pendant la cuisson. N'ayez pas peur de la quantité : il n'y a que peu de viande sur chaque côte et les travers ne coûtent pas cher.

Brochettes de porc fruitées

Les pruneaux et les abricots ajoutent de la couleur et du goût à ces délicieux kébabs de porc.

Pour 4 personnes

INGRÉDIENTS

4 côtes de porc premières désossées
8 pruneaux
8 abricots secs
4 feuilles de laurier
rondelles d'orange et de citron, pour garnir

MARINADE :
4 cuil. à soupe de jus d'orange
2 cuil. à soupe d'huile d'olive
1 cuil. à café de feuilles de laurier moulues
sel et poivre

1 Ôtez le gras visible des côtes et découpez la viande en morceaux de taille régulière.

2 Dans un plat non métallique peu profond, mettez le porc, les pruneaux et les abricots.

3 Pour la marinade, mélangez dans un bol le jus d'orange, l'huile, les feuilles de laurier. Salez et poivrez à volonté.

4 Versez la marinade sur le porc et les fruits, puis remuez pour bien les enrober. Faites mariner au moins 1 heure, de préférence toute la nuit au réfrigérateur.

5 Faites tremper 4 brochettes en bois dans de l'eau froide ce qui empêchera qu'elles ne prennent feu sur le barbecue.

6 À l'aide d'une écumoire retirez la viande et les fruits de la marinade, et conservez la marinade pour la cuisson. Embrochez le porc en alternant avec les fruits et les feuilles de laurier.

7 Faites cuire les brochettes au barbecue (gril) de 10 à 15 minutes sur une grille huilée, au-dessus de braises moyennes à ardentes, en les retournant et en les arrosant régulièrement de marinade, jusqu'à ce que la viande soit cuite.

8 Transférez les brochettes sur des assiettes chaudes. Garnissez de rondelles d'orange et de citron et servez chaud.

MON CONSEIL

Le porc doit toujours être bien cuit, mais attention à la surcuisson qui dessèche la viande. Mettez toujours de l'huile dans les marinades pour le porc. Si la viande cuit trop rapidement, relevez la grille ou déplacez les morceaux vers une partie moins chaude du barbecue (gril).

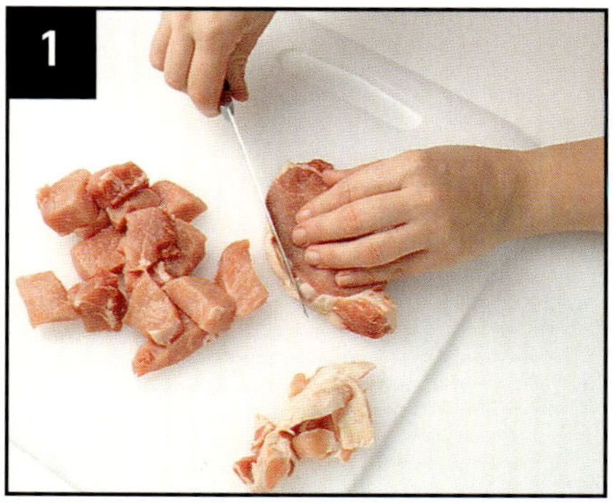
1

4

6

Travers de porc à la sauce piquante

Les travers de porc s'accommodent de nombreuses façons.
Ici, la sauce piquante est tirée d'une recette américaine traditionnelle.

Pour 4 à 6 personnes

INGRÉDIENTS

900 g de travers de porc
150 ml de passata (tomates passées en purée)
2 cuil. à soupe de vinaigre de vin rouge
2 cuil. à soupe de sucre roux
1 gousse d'ail écrasée
1 cuil. à café de thym déshydraté
1/2 cuil. à café de romarin déshydraté
1 cuil. à café de sauce au piment
piments rouges pour garnir (facultatif)
mélange de feuilles de salade (accompagnement)

1 À l'aide d'un couteau bien tranchant, découpez soigneusement les travers s'ils sont en bloc.

2 Portez une grande casserole d'eau à ébullition et plongez-y les travers de porc. Cuisez-les 10 minutes puis égouttez-les soigneusement. Disposez les travers dans un plat non métallique peu profond.

3 Pour la sauce piquante, mélangez soigneusement dans un bol la purée de tomate, le vinaigre de vin rouge, le sucre, l'ail, le thym, le romarin et la sauce au piment.

4 Versez la sauce sur les travers de porc et retournez-les bien pour les enrober de toute part. Faites mariner 1 heure.

5 Retirez les travers de la sauce en la conservant pour la cuisson. Faites cuire les travers au barbecue (gril) de 5 à 10 minutes au-dessus de braises ardentes, puis déplacez-les vers une partie moins chaude de la grille. Prolongez leur cuisson de 15 à 20 minutes, en les retournant et en les arrosant régulièrement avec le reste de sauce.

6 Transférez les travers dans des assiettes chaudes et garnissez de piments rouges (facultatif). Servez avec le mélange de feuilles de salade.

MON CONSEIL

Pour respecter l'authenticité de cette recette américaine, assurez-vous d'acheter des travers et non des côtelettes de porc. Les travers sont souvent vendus prédécoupés. Si ce n'est pas le cas, il est assez facile de les séparer avec un couteau tranchant.

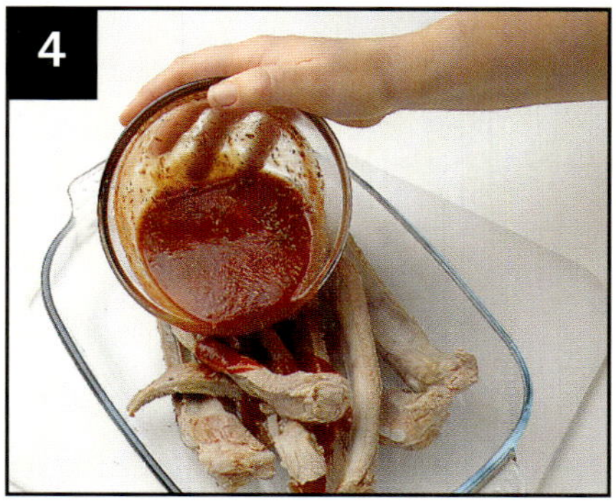

Kébabs de jambon et d'ananas

Cette association classique de goûts s'accommode bien de la cuisson au barbecue (gril).

Pour 4 personnes

INGRÉDIENTS

450 g de jambon épais
425 g d'ananas en morceaux au naturel
225 g de brie ferme frais
2 cuil. à soupe d'huile de tournesol
1 gousse d'ail écrasée
1 cuil. à soupe de jus de citron
1/2 cuil. à café de noix de muscade moulue
1/4 de cuil. à café de clous de girofle moulus
poivre
riz cuit (accompagnement)

1 Découpez le jambon en morceaux de taille régulière.

2 Mettez le jambon dans une casserole d'eau bouillante et faites-le cuire 5 minutes.

3 Égouttez les morceaux d'ananas et prélevez 3 cuil. à soupe de jus. Coupez le fromage frais en gros morceaux.

4 Pour le glaçage, mélangez le jus d'ananas, l'huile, l'ail, le jus de citron, la noix de muscade, les clous de girofle et du poivre à volonté dans un bocal à couvercle hermétique, et secouez bien. Mettez de côté.

5 Avec une écumoire, sortez le jambon de la casserole. Embrochez-le en alternant avec les morceaux d'ananas et de brie.

6 Faites cuire les kébabs au barbecue (gril) de 2 à 4 minutes au-dessus de braises ardentes. Retournez-les et arrosez-les régulièrement avec le mélange d'huile et de jus d'ananas. Arrêtez la cuisson lorsque le jambon et l'ananas sont chauds, et que le fromage commence juste à fondre.

7 Servez sur un lit de riz.

MON CONSEIL

Laissez les brochettes sur le barbecue juste assez longtemps pour réchauffer le jambon et l'ananas. Attention de ne pas trop cuire les kébabs – ou le fromage vous jouera des tours : il doit juste commencer à fondre.

VARIANTE

Remplacez le brie par des cubes de pâtes cuites, comme de l'emmental ou du jarlsburg.

3

5

5

Côtes de porc glaçées au miel

Une touche de gingembre frais vient relever ce glaçage au miel.

Pour 4 personnes

INGRÉDIENTS

4 côtes premières de porc
4 cuil. à soupe de miel liquide
1 cuil. à soupe de xérès sec
4 cuil. à soupe de jus d'orange
2 cuil. à soupe d'huile d'olive
1 morceau de 2,5 cm de rhizome de gingembre râpé
sel et poivre

1 Salez et poivrez les côtes de porc. Mettez de côté pendant la préparation du glaçage.

2 Pour le glaçage, mettez le miel, le xérès, le jus d'orange, l'huile et le gingembre dans une petite casserole. Faites cuire à feu doux en remuant constamment jusqu'à ce que le mélange soit homogène.

3 Faites cuire les côtes au barbecue (gril) environ 5 minutes par face sur une grille huilée, au-dessus de braises ardentes.

4 Glacez les côtes au pinceau et faites-les cuire de 2 à 4 minutes de plus, en badigeonnant régulièrement.

5 Transférez dans des assiettes chaudes et servez sans attendre.

VARIANTE

Cette recette s'adapte également aux côtes d'agneau ou à des morceaux de poulet (cuisses ou pilon). Faites cuire la viande exactement de la même manière, en la glaçant avec le mélange au miel – le résultat sera tout aussi délicieux.

MON CONSEIL

Pour donner un peu de piquant à cette grillade, ajouter au glaçage 1/2 cuil. à café de sauce au piment ou 1 cuil. à café de moutarde à l'ancienne.

Saucisses à la sauce barbecue

Bien que les saucisses ne soient plus l'essentiel d'un barbecue, elles y sont parfois encore les bienvenues. Cette délicieuse sauce vous donnera une bonne raison de les y inclure à nouveau.

Pour 4 personnes

INGRÉDIENTS

- 2 cuil. à soupe d'huile de tournesol
- 1 gros oignon haché
- 2 gousses d'ail hachées
- 225 g de tomates hachées en conserve
- 1 cuil. à soupe de sauce de Worcestershire
- 2 cuil. à soupe de sauce brune relevée fruitée
- 2 cuil. à soupe de sucre roux
- 4 cuil. à soupe de vinaigre de vin blanc
- $^{1}/_{2}$ cuil. à café de poudre de piment
- $^{1}/_{4}$ de cuil. à café de poudre de moutarde
- 1 goutte de Tabasco
- 450 g de saucisses
- sel et poivre
- petits pains longs

1 Pour la sauce, faites chauffer l'huile dans une petite casserole et faites-y fondre l'oignon et l'ail pendant 4 à 5 minutes.

2 Ajoutez les tomates, la sauce de Worcesterhire, la sauce fruitée, le sucre, le vinaigre de vin, la poudre de piment, la poudre de moutarde, le Tabasco, salez et poivrez à volonté puis portez à ébullition.

3 Baissez le feu et faites mijoter de 10 à 15 minutes à feu doux, jusqu'à ce que la sauce commence à épaissir. Remuez de temps à autre pour éviter qu'elle n'attache. Réservez au chaud.

4 Faites griller les saucisses au barbecue (gril) de 10 à 15 minutes au-dessus de braises ardentes, en les retournant fréquemment. Ne les piquez pas à la fourchette (les jus et la graisse ravivent le feu).

5 Insérez les saucisses dans les petits pains et servez avec la sauce barbecue.

MON CONSEIL

Utilisez toutes sortes de saucisses bien parfumées. Les saucisses du Lincolnshire sont très appropriées, tout comme celles du Cumberland, qui sont vendues en chapelets (fixez ces derniers avec des brochettes, pour qu'ils ne se défassent pas en cours de cuisson). Les saucisses de venaison, avec leur parfum de gibier, développent de bonnes saveurs au barbecue (gril). Vous pouvez également faire griller du boudin noir, en le coupant en tranches épaisses, ainsi que toute autre saucisse bien épicée.

Filet de porc sauce piquante

Ces filets sont cuits en papillote, et servis avec une sauce piquante à l'orange.

Pour 4 personnes

INGRÉDIENTS

400 g de filet de porc
3 cuil. à soupe de marmelade d'oranges
zeste et jus d'une orange
1 cuil. à soupe de vinaigre de vin blanc
1 goutte de Tabasco
sel et poivre

SAUCE :
1 cuil. à soupe d'huile d'olive
1 petit oignon haché
1 petit poivron vert, épépiné et finement émincé
1 cuil. à soupe de Maïzena
150 ml de jus d'orange

ACCOMPAGNEMENT :
riz cuit
mélange de feuilles de salade

1 Disposez un grand morceau de papier aluminium en double épaisseur dans un plat peu profond, mettez-y le filet de porc, au milieu, et assaisonnez.

2 Dans une petite casserole, faites chauffer la marmelade, le zeste et le jus d'orange, le vinaigre et le Tabasco en remuant, jusqu'à ce que la marmelade fonde et que les ingrédients soient devenus homogènes.

3 Versez ce mélange sur le porc, et enveloppez la viande dans l'aluminium en vous assurant que la papillote soit bien fermée, pour que le jus ne s'en échappe pas. Faites cuire au barbecue (gril) environ 25 minutes au-dessus de braises ardentes, en retournant la paillote de temps à autre.

4 Pour la sauce, faites fondre l'oignon dans l'huile de 2 à 3 minutes. Ajoutez-y le poivron et faites rissoler de 3 à 4 minutes.

5 Sortez le porc de la papillote et mettez-le sur la grille. Versez les jus de cuisson dans la casserole contenant la sauce.

6 Faites cuire le porc au barbecue (gril) de 10 à 20 minutes de plus en le retournant, jusqu'à ce que la viande soit cuite et l'extérieur doré.

7 Dans un petit bol, mélangez la Maïzena et un peu de jus d'orange jusqu'à obtention d'une pâte. Incorporez cette pâte à la sauce avec le reste du jus de cuisson. Faites cuire en remuant jusqu'à ce que la sauce épaississe.

8 Découpez le porc en tranches et transférez-les dans des assiettes. Nappez de sauce puis servez.

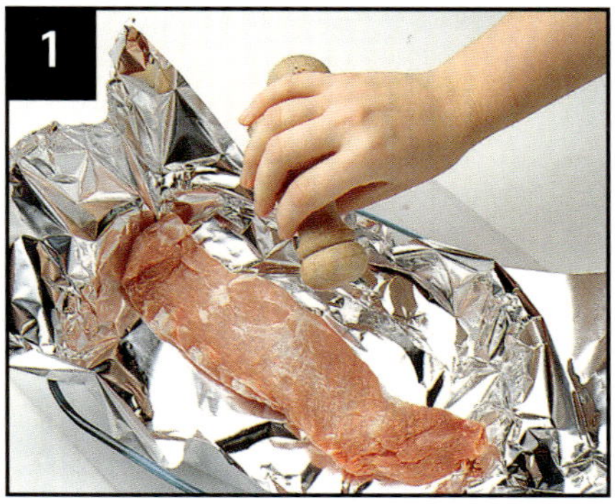

Kébabs de porc à la sauge

Ces boulettes de viande hachée en brochette,
feront le régal des enfants avec leur goût légèrement sucré.

Pour 12 personnes

INGRÉDIENTS

450 g de porc haché
25 g de chapelure fraîche
1 petit oignon finement émincé
1 cuil. à soupe de sauge fraîche hachée
2 cuil. à soupe de sauce à la pomme
1/4 de cuil. à café de noix de muscade moulue
sel et poivre

ASSAISONNEMENT DE CUISSON :
3 cuil. à soupe d'huile d'olive
1 cuil. à soupe de jus de citron

ACCOMPAGNEMENT :
6 petites pitas (pain grec)
mélange de feuilles de salade
6 cuil. à soupe de yaourt nature épais

1 Dans le bol d'un mixeur mettez la viande hachée, la chapelure, l'oignon, la sauge, la sauce à la pomme, la noix de muscade. Salez et poivrez à volonté. Mixer jusqu'à ce que les ingrédients soient bien mélangés.

2 Avec les mains formez des petites boulettes de viande, et mettez-les au réfrigérateur pendant au moins 30 minutes.

3 Pendant ce temps, faites tremper 12 brochettes en bois dans de l'eau froide, pendant au moins 30 minutes. Enfilez les boulettes de viande sur les brochettes.

4 Pour la sauce, mélangez l'huile et le jus de citron avec une fourchette dans un bol.

5 Faites cuire les kébabs au barbecue (gril) de 8 à 10 minutes au-dessus de braises ardentes, en les retournant et en les arrosant régulièrement avec le mélange huile-citron, jusqu'à ce que la viande soit grillée et bien cuite.

6 Garnissez les pitas de feuilles de salade et nappez-les d'un peu de yaourt. Servez avec les kébabs.

VARIANTE

Gagnez du temps en donnant à la viande hachée la forme d'un hamburger. Laissez-les au moins 20 minutes au réfrigérateur, puis faites-les cuire 15 minutes au barbecue (gril), en les badigeonnant d'huile et de citron et en les retournant une fois. Servez-les dans de petits pains ronds avec un peu de sauce à la pomme.

1

2

4

Kébabs de steak et de rognon

Un plat traditionnel anglais, légèrement adapté pour le barbecue (gril).
Faites mariner la viande toute la nuit si possible.

Pour 4 personnes

INGRÉDIENTS

350 g de rumsteack
2 rognons d'agneau
1 petit oignon coupé en dés
1/2 cuil. à café de romarin déshydraté

150 ml de bière brune
8 champignons de Paris
8 feuilles de laurier
4 cuil. à soupe d'huile de tournesol

ACCOMPAGNEMENT :
riz cuit
tomates cerises

1 Avec un couteau tranchant, éliminez l'excès de gras de la viande, et découpez celle-ci en dés de taille régulière.

2 Coupez les rognons en deux et enlevez la peau. Ôtez le cœur dur et recoupez chaque moitié en deux.

3 Mettez le steak et les rognons dans un un plat non métallique peu profond.

4 Ajoutez-y l'oignon et le romarin, versez la bière sur le tout. Couvrez et faites mariner au réfrigérateur au moins 4 heures, ou toute la nuit de préférence.

5 Sortez la viande de la marinade dont vous réserverez 4 cuil. à soupe pour la cuisson.

6 Embrochez le steak et les rognons en alternant avec les champignons et les feuilles de laurier.

7 Mélangez l'huile à la marinade réservée.

8 Faites cuire les kébabs au barbecue (gril) de 8 à 10 minutes au-dessus de braises ardentes, en les retournant et en les badigeonnant de marinade. Prenez soin de ne pas trop cuire les rognons pour qu'ils restent tendres.

9 Servez les kébabs sur un lit de riz accompagné de quelques tomates cerises.

MON CONSEIL

Pour gagner du temps, préparez et faites mariner les kébabs la veille. Recouvrez-les de marinade dans un plat peu profond, et retournez-les de temps à autre de manière à ce qu'ils soient toujours bien enduits.

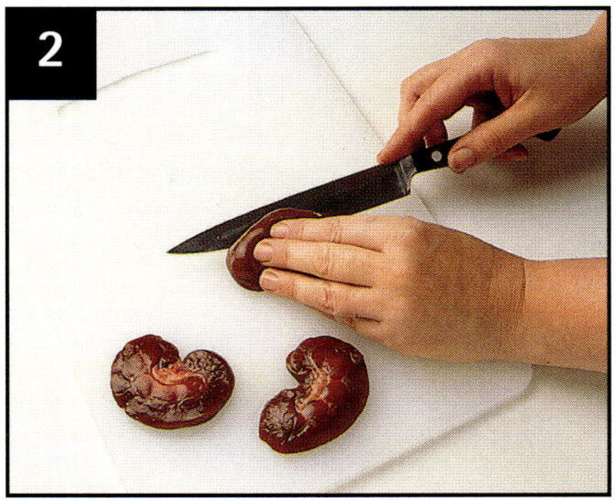

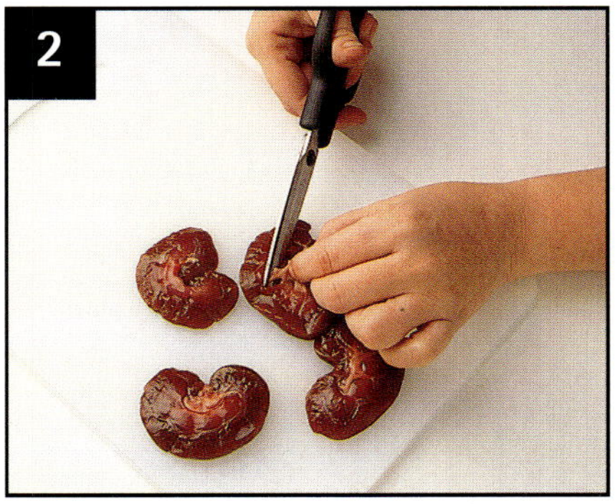

Brochettes mixtes (mixed grill)

Si vous aimez les assortiment de brochettes, ce plat est pour vous.
Une grillade traditionnelle transformée en vrai repas, avec ses tomates et ses champignons.

Pour 4 personnes

INGRÉDIENTS

225 g de collet d'agneau
4 rognons d'agneau
4 grosses saucisses
8 tranches de bacon maigre sans couenne

ASSAISONNEMENT DE CUISSON :
4 cuil. à soupe d'huile d'olive
2 cuil. à soupe de jus de citron
1 cuil. à soupe de mélange d'herbes fraîches, hachées

ACCOMPAGNEMENT :
4 champignons à farcir
2 tomates à farcir

1 Découpez le collet d'agneau en morceaux de taille régulière. Épluchez et évider les rognons puis coupez-les en 4.

2 Vrillez les saucisses par le milieu et coupez-les en deux.

3 Étirez les tranches de bacon avec le dos d'un couteau.

4 Entourez les saucisses de bacon, ou préparez de simples rouleaux de bacon. Embrochez l'agneau, les saucisses, les rognons et le bacon.

5 Pour l'assaisonnement, mélangez l'huile, le jus de citron et les herbes, et laissez reposer jusqu'au moment voulu.

6 Faites cuire les kébabs au barbecue (gril) de 8 à 10 minutes au-dessus de braises ardentes, en les retournant et en les badigeonnant régulièrement d'assaisonnement.

7 Coupez les tomates et les champignons en gros morceaux puis enfilez-les sur des brochettes séparées. Faites-les cuire à côté de la viande pendant 5 minutes, en les retournant et en les badigeonnant régulièrement.

8 Transférez les brochettes de viande dans des assiettes et servez chaud, avec les brochettes de tomate et de champignon.

MON CONSEIL

Tous les éléments de cette recette peuvent cuire directement sur la grille. Les embrocher permet de les retourner et de les badigeonner plus rapidement, et sans se brûler.

2

4

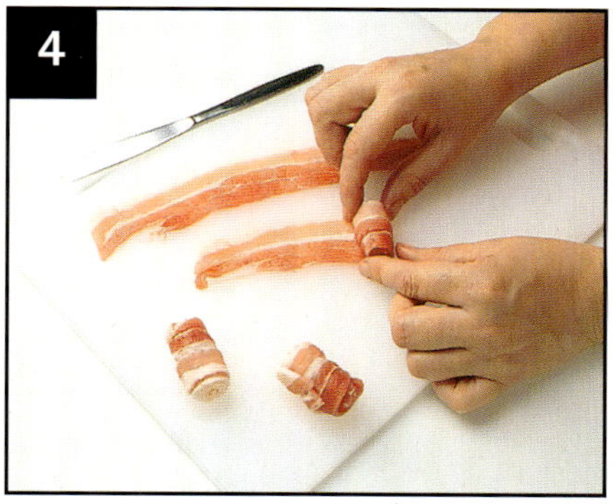

7

Kébabs de foie et d'oignon

Le foie est un aliment riche en fer, et cette recette allie l'équilibre alimentaire au plaisir.

Pour 4 personnes

INGRÉDIENTS

350 g de foie d'agneau
2 cuil. à soupe de farine de ménage assaisonnée
1/2 cuil. à café d'herbes de Provence déshydratées
125 g de bacon maigre sans couenne
2 oignons moyens
75 g de beurre
2 cuil. à café de vinaigre basalmique

ACCOMPAGNEMENT :
mélange de feuilles de salade
quartiers de tomate

1 Découpez le foie en petits morceaux. Mélangez la farine aux herbes de Provence et roulez-y le foie.

2 Étirez le bacon avec le dos d'un couteau, puis coupez chaque tranche en deux. Entourez la moitié des morceaux de foie de bacon.

3 Embrochez les morceaux de foie en alternant avec les morceaux entourés de bacon.

4 Coupez les oignons en rondelles et enfilez-les par dessus la viande. Hachez finement les rondelles trop petites pour aller sur les brochettes.

5 Faites chauffer le beurre dans une petite casserole et faites-y revenir 5 minutes les oignons hachés, jusqu'à ce qu'ils soient tendres. Incorporez le vinaigre.

6 Badigeonnez les kébabs de beurre et faites-les cuire de 8 à 10 minutes au-dessus de braises ardentes, en les badigeonnant de temps à autre, jusqu'à ce que le foie soit cuit mais toujours rosé à l'intérieur.

7 Transférez les kébabs dans les assiettes. Servez avec les feuilles de salade et les tomates.

MON CONSEIL

Utilisez des tranches de foie épaisses pour obtenir des morceaux de bonne taille. Utilisez le bacon pour maintenir ensemble 2 ou 3 morceaux de foie plus petits si nécessaire.

Légumes & salades

Dans ce chapitre, vous trouverez tous les petits extras qui font du barbecue (gril) une fête, des amuse-gueule irrésistibles aux élégantes entrées en passant par les plats végétariens et les plats d'accompagnements colorés.

Les végétariens trouveront ici leur bonheur. Les légumes s'accommodent fort bien de la cuisson au barbecue et ils y gagnent en saveur. Essayez les kébabs de légumes hauts en couleur, les hamburgers de riz aux noix, les saucisses végétariennes ou les savoureux kébabs de tofu mariné. Entiers, en rondelles, sur des brochettes ou en papillote, en accompagnement ou comme plat principal, les légumes occupent une place d'importance dans la cuisine au barbecue.

Trompez l'attente du plat principal avec de savoureux hors-d'œuvres, comme les peaux de pommes de terre croustillantes, le pain à l'ail ou la bruschetta, et servez des champignons ou des tomates farcis en entrée, à vos invités végétariens.

Si vous êtes à cours d'inspiration pour réaliser des salades pour accompagner vos grillades, ne cherchez pas plus loin. Toutes les salades de ce chapitre agrémenteront viandes et poissons cuits au barbecue (gril), et la majorité d'entre elles font des entrées parfaites. La salade de poires au roquefort et la salade d'artichauds au jambon de Parme sont des entrés originales et fines, qui peuvent être préparées bien à l'avance.

Kébabs de tofu mariné

Le tofu (pâte de soja) est un aliment riche en protéines, en vitamines et en minéraux. Un peu insipide de lui-même, il développe de riches arômes dans une marinade à l'ail et aux herbes.

Pour 4 personnes

INGRÉDIENTS

350 g de tofu (pâte de soja)
1 poivron rouge
1 poivron jaune
2 courgettes
8 champignons de Paris
rondelles de citron pour garnir

MARINADE :
zeste et jus d'un demi citron
1 gousse d'ail écrasée
1/2 cuil. à café de romarin frais haché
1/2 cuil. à café de thym frais haché
1 cuil. à soupe d'huile de noix

1 Pour la marinade, mélangez dans un plat peu profond le zeste et le jus de citron, l'ail, le romarin, le thym et l'huile.

2 Égouttez le tofu, séchez-le sur du papier absorbant puis découpez-le en cubes. Placez-le dans la marinade et mélangez de manière à ce qu'il soit bien recouvert. Faites mariner de 20 à 30 min.

3 Pendant ce temps, épépinez et découpez les poivrons en morceaux de 2,5 cm. Faites-les blanchir pendant 4 minutes dans de l'eau bouillante, rafraîchissez-les sous l'eau froide et égouttez-les.

4 Avec un économe, enlevez des bandes de peau des courgettes. Coupez les courgettes en morceaux de 2,5 cm.

5 Sortez le tofu de la marinade en conservant le liquide pour la cuisson. Enfilez le tofu sur 8 brochettes en alternant avec les poivrons, les courgettes et les champignons.

6 Faites cuire les brochettes au barbecue (gril), environ 6 minutes au-dessus de braises ardentes, en les retournant et en les badigeonnant de marinade.

7 Transférez les brochettes dans des assiettes chaudes, garnissez de rondelles de citron et servez.

VARIANTE

Pour des brochettes relevées, préparez la marinade avec 1 cuil. à soupe de pâte de curry, 2 cuil. à soupe d'huile et le jus d'un demi-citron.

2

3

4

Peaux de pommes de terre croustillantes

Prévoyez un peu plus de pommes de terre que vous ne pensez, et utilisez la chair dans une autre préparation. Cette recette fait de délicieuses entrées.

Pour 4 à 6 personnes

INGRÉDIENTS

8 petites pommes de terre au four, soigneusement lavées
50 g de beurre fondu
sel et poivre

GARNITURES (facultatives) :
6 ciboules hachées
50 g de salami coupé en petites lanières
50 g de gruyère râpé

1 Préchauffez le four à 200°C/ th. 6. Piquez les pommes de terre avec une fourchette et faites-les cuire 1 heure ou jusqu'à ce qu'elles soient tendres. Vous pouvez également les faire cuire au four à micro-ondes à pleine puissance pendant 12 à 15 minutes.

2 Coupez les pommes de terre en deux et évidez-les avec une cuillère en ne gardant que 5 mm de chair à l'intérieur.

3 Badigeonnez l'intérieur des pommes de terre de beurre fondu.

4 Disposez les pommes de terre face coupée contre la grille, au-dessus de braises moyennes à ardentes et faites-les cuire de 10 à 15 minutes. Retournez-les et faites-les cuire 5 minutes de plus, ou jusqu'à ce que la peau soit grillée. Prenez soin de ne pas les faire brûler.

5 Salez et poivrez à volonté, et servez tant qu'elles sont chaudes.

6 Les pommes de terre peuvent être garnies de différentes manières. Faites-les cuire comme ci-dessus pendant environ 10 minutes, puis retournez-les et parsemez l'intérieur de rondelles de ciboule, de fromage rapé et de salami. Finissez de cuire 5 minutes, jusqu'à ce que le fromage commence à fondre. Servez chaud.

MON CONSEIL

Les peaux de pommes de terre sont délicieuses avec un hors-d'œuvre à la tomate piquante ou de l'houmous.

2

3

4

Tranches de patates douces aux épices

Servez-les pour accompagner vos grillades ou en guise d'entrée, avec une sauce. Elles feront le bonheur de vos invités pendant qu'ils attendent le plat principal.

Pour 4 personnes

INGRÉDIENTS

450 g de patates douces
2 cuil. à soupe d'huile de tournesol
1 cuil. à café de sauce au piment
sel et poivre

1 Portez une grande casserole d'eau à ébullition, jetez-y les patates douces et faites-les précuire 10 minutes. Égouttez-les soigneusement et transférez-les sur une planche à découper.

2 Épluchez les patates douces et coupez-les en grosses rondelles.

3 Dans un bol, mélangez l'huile, la sauce au piment. Salez et poivrez à volonté.

4 Badigeonnez généreusement de ce mélange épicé un des côtés des rondelles de patate. Disposez les patates, face huilée contre la grille, au-dessus de braises moyennes à ardentes, et faites-les cuire de 5 à 6 minutes.

5 Badigeonnez légèrement le dessus des rondelles, retournez-les et faites-les cuire au barbecue (gril) 5 minutes de plus, jusqu'à ce qu'elles soient dorées et croustillantes.

6 Transférez les patates douces dans un plat de service chaud et servez sans attendre.

MON CONSEIL

La patate douce est un légume utilisé dans des plats sucrés et salés. On peut la bouillir, la rôtir, la frire ou comme ici, la cuire au barbecue (gril).

VARIANTE

Pour une sauce simple, mélangez 150 ml de crème fraîche avec 1/2 cuil. à café de sucre, 1/2 cuil. à café de moutarde de Dijon. Salez et poivrez selon le goût. Laissez reposer au réfrigérateur jusqu'au moment voulu.

1

2

5

Tranches de pommes de terre grillées à l'ail

Servez ce délicieux plat de pommes de terre avec une viande ou un poisson grillé.

Pour 4 personnes

INGRÉDIENTS

3 grosses pommes de terre au four, bien nettoyées
4 cuil. à soupe d'huile d'olive
25 g de beurre
2 gousses d'ail écrasées
1 cuil. à soupe de romarin frais haché
1 cuil. à soupe de persil frais haché
1 cuil. à soupe de thym frais haché
sel et poivre

1 Portez une grande casserole d'eau à ébullition, plongez-y les pommes de terre pendant 10 minutes. Égouttez-les, rafraîchissez-les sous l'eau froide et ré-égouttez-les soigneusement.

2 Mettez les pommes de terre sur une planche à découper. Lorsqu'elles ont un peu refroidi et que vous pouvez les manipuler sans risque de vous brûler, découpez-les en tranches épaisses sans en enlever la peau.

3 Faites chauffer l'huile et le beurre dans une petite casserole et faites-y fondre doucement l'ail, jusqu'à ce qu'il commence à brunir, puis enlevez la casserole du feu.

4 Incorporez au mélange de la casserole les herbes. Salez et poivrez selon le goût.

5 Badigeonnez de ce beurre aux herbes les pommes de terre.

6 Faites cuire les pommes de terre de 10 à 15 minutes au-dessus de braises ardentes, en les badigeonnant généreusement de beurre aux herbes, jusqu'à ce qu'elles soient tendres.

7 Faites cuire les pommes de terre de 10 à 15 minutes au-dessus de braises ardentes, en les badigeonnant généreusement de beurre aux herbes, jusqu'à ce qu'elles soient tendres.

MON CONSEIL

Il vous sera peut-être plus facile de faire cuire les pommes de terre dans une grille à charnière, ou sur une plaque spéciale barbecue.

2

3

4

Saucisses végétariennes

Ces saucisses, au délicieux goût de fromage, auront un vif succès auprès des végétariens – qui peuvent ainsi profiter des saveurs uniques du barbecue.

Pour 8 personnes

INGRÉDIENTS

1 cuil. à café d'huile de tournesol
1 petit oignon finement émincé
50 g de champignons hachés menu
$^1/_2$ poivron rouge épépiné et haché menu
400 g de haricots blancs en boîte, rincés et égouttés
100 g de chapelure fraîche
100 g de fromage de Cheddar râpé
1 cuil. à café d'herbes déshydratées mélangées
1 jaune d'œuf
farine de ménage assaisonnée
huile pour badigeonner

ACCOMPAGNEMENT :
petits pains
rondelles d'oignon frit

1 Faites chauffer l'huile dans une poêle, et faites-y revenir l'oignon, les champignons et le poivron rouge, jusqu'à ce qu'ils soient tendres.

2 Réduisez les haricots blancs en purée dans un saladier. Ajoutez-y le mélange d'oignon, de champignons et de poivron, la chapelure fraîche, le fromage, les herbes et le jaune d'œuf. Mélangez bien.

3 Façonnez 8 saucisses avec vos doigts.

4 Roulez les saucisses dans la farine assaisonnée. Mettez-les au réfrigérateur au moins 30 minutes.

5 Faites cuire les saucisses au barbecue (gril) sur un rectangle de papier aluminium huilé au-dessus de braises moyennes à ardentes de 15 à 20 minutes, en les retournant et en les badigeonnant régulièrement d'huile, jusqu'à ce qu'elles soient dorées.

6 Ouvrez les petits pains dans le sens de la longueur et garnissez-les d'oignons frits. Insérez les saucisses et servez.

MON CONSEIL

Prenez garde de ne pas casser les saucisses lorsque vous les retournez. Utilisez si possible une grille à charnière, et retournez et huilez les saucisses régulièrement. Équipez-vous d'une grille spécialement conçue pour cuire les saucisses au barbecue (gril).

Hamburgers de riz aux noix

Servez ces hamburgers dans de petits pains ronds au graines de sésame grillées. Vous pouvez aussi les garnir d'une tranche de fromage en fin de cuisson.

Pour 6 personnes

INGRÉDIENTS

1 cuil. à soupe d'huile de tournesol
1 petit oignon haché menu
100 g de champignons hachés menu
350 g de riz complet cuit
100 g de chapelure
75 g de noix hachées
1 œuf
2 cuil. à soupe de sauce brune relevée fruitée
quelques gouttes de Tabasco
sel et poivre
huile pour badigeonner
6 tranches de fromage (facultatif)

ACCOMPAGNEMENT :
six petits pains ronds aux graines de sésame
rondelles d'oignon
rondelles de tomate
feuilles de salade

1 Dans une grande casserole faites chauffer l'huile et faites-y fondre les oignons de 3 à 4 minutes. Ajoutez-y les champignons et faites cuire 2 minutes de plus.

2 Ôtez la casserole du feu et mélangez le riz, la chapelure, les noix, l'œuf et les sauces aux légumes. Salez et poivrez, mélangez bien.

3 Former 6 hamburgers ronds en malaxant avec les doigts. Mettez au réfrigérateur pendant au moins 30 minutes.

4 Faites cuire les hamburgers au barbecue (gril) sur une grille huilée, au-dessus de braises moyennes à ardentes, de 5 à 6 minutes par face, en les retournant une fois et en les badigeonnant régulièrement d'huile.

5 Si vous le souhaitez, recouvrez les hamburgers d'une tranche de fromage 2 minutes avant la fin de la cuisson. Faites griller les rondelles d'oignon et de tomate.

6 Faites griller les petits pains aux graines de sésame au bord de la grille. Servez les hamburgers dans les petits pains, avec les oignons et les tomates grillés.

MON CONSEIL

Il est plus rapide et plus économique d'utiliser un reste de riz pour cette recette. Cependant, si vous devez en faire cuire, prévoyez 175 g de riz cru.

1

2

3

Sandwichs d'aubergine à la mozarella

Servez ces sandwichs en plat principal pour deux personnes, ou en accompagnement.

Pour 2 personnes

INGRÉDIENTS

1 grosse aubergine
1 cuil. à soupe de jus de citron
3 cuil. à soupe d'huile d'olive
125 g de mozarella râpée

2 tomates séchées au soleil hachées
sel et poivre

ACCOMPAGNEMENT :
pain italien
mélange de feuilles de salade
rondelles de tomate

1 Coupez l'aubergine en rondelles fines.

2 Mélangez dans un bol le jus de citron et l'huile d'olive, salez et poivrez à volonté.

3 Badigeonnez les rondelles d'aubergine de ce mélange et faites-les cuire de 2 à 3 minutes, au-dessus de braises moyennes à ardentes sans les retourner, jusqu'à ce qu'elles soient dorées en dessous.

4 Retournez la moitié des rondelles et parsemez-les de fromage et de tomates séchées hachées.

5 Recouvrez le fromage et la tomate avec les autres rondelles, face grillée en l'air.

6 Faites cuire de 1 à 2 minutes, puis retournez soigneusement les sandwichs et faites-les griller de 1 à 2 minutes. Badigeonnez avec l'huile et le citron.

7 Servez avec du pain italien, un mélange de feuilles de salade et quelques rondelles de tomate.

VARIANTE

Remplacez la mozarella par de la feta, mais dans ce cas ne salez pas le mélange huile-jus de citron, car la feta est un fromage assez salé. Vous pouvez aussi utiliser du fromage de chèvre crémeux.

1

4

5

Aubergine grillée

Le parfum et la texture de l'aubergine grillée sont uniques. Servez-la en accompagnement, ou avec du pesto ou une sauce au concombre et à la menthe, pour une entrée savoureuse ou un plat végétarien.

Pour 4 personnes

INGRÉDIENTS

1 grosse aubergine
3 cuil. à soupe d'huile d'olive
1 cuil. à café d'huile de sésame
sel et poivre

PESTO :
1 gousse d'ail
25 g de pignons
15 g de feuilles de basilic frais
2 cuil. à soupe de parmesan
6 cuil. à soupe d'huile d'olive
sel et poivre

SAUCE AU CONCOMBRE :
150 g de yaourt nature
5 cm de concombre
1/2 cuil. à café de sauce à la menthe

1 Coupez la tige de l'aubergine, puis découpez le légume en 8 tranches fines dans le sens de la longueur.

2 Étalez ces tranches dans un plat ou sur une planche à découper, et salez généreusement pour les faire dégorger. Laissez reposer.

3 Pendant ce temps, préparez l'assaisonnement. Mélangez les huiles d'olive et de sésame, salez et poivrez à volonté.

4 Pour le pesto, mettez l'ail, les pignons, le basilic et le fromage dans un mixeur. Hachez finement et, la machine toujours en marche, ajoutez l'huile en filet. Assaisonnez à volonté.

5 Pour la sauce au concombre, mettez le yaourt dans un bol. Épépinez le concombre et coupez-le en petits cubes. Incorporez le concombre au yaourt, avec la sauce à la menthe.

6 Rincez les tranches d'aubergine et faites-les sécher sur du papier absorbant. Badigeonnez-les avec le mélange d'huiles et faites-les cuire au barbecue (gril) 10 minutes au-dessus de braises ardentes, en les retournant une fois. Les tranches d'aubergines doivent être tendres et dorées.

7 Transférez dans des assiettes chaudes et servez avec le pesto ou la sauce au concombre.

1

2

6

Tomates farcies

Ces tomates sont farcies à la mode grecque, et cuites au barbecue (gril).

Pour 8 personnes

INGRÉDIENTS

4 tomates à farcir
300 g de riz cuit
8 ciboules hachées
3 cuil. à soupe de menthe fraîche hachée
2 cuil. à soupe de persil frais haché
3 cuil. à soupe de pignons
3 cuil. à soupe de raisins secs
2 cuil. à café d'huile d'olive
sel et poivre

1 Coupez les tomates en deux, puis avec une cuillère, ôtez et jetez les pépins.

2 Disposez les tomates à l'envers sur du papier absorbant, pendant quelques instants, pour faire s'écouler le jus.

3 Remettez les tomates à l'endroit, salez et poivrez l'intérieur.

4 Mélangez le riz, les ciboules, la menthe, le persil, les pignons et les raisins secs. Farcissez les tomates avec ce mélange.

5 Versez quelques gouttes d'huile d'olive sur les tomates, puis faites-les cuire au barbecue (gril) environ 10 minutes sur une grille huilée, au-dessus de braises moyennes à ardentes.

6 Transférez les tomates dans les assiettes et servez sans attendre.

VARIANTE

Faites griller des tomates ordinaires coupées en deux, badigeonnées d'huile et assaisonnées de sel et de poivre, en les mettant d'abord à l'envers sur la grille.

MON CONSEIL

Les tomates sont omniprésentes dans la cuisine au barbecue, et cuisent rapidement. Essayez de faire griller des rondelles de tomate à farcir avec des rondelles d'oignon, après les avoir badigeonnées d'huile et parsemées d'herbes fraîches. Les tomates cerises peuvent cuire de 5 à 10 minutes en brochette.

1

4

5

Kébabs de légumes en couleur

Ajoutez de la couleur à votre barbecue avec ces superbes kébabs badigeonnés d'huile aromatisée.

Pour 4 personnes

INGRÉDIENTS

1 poivron rouge épépiné
1 poivron jaune épépiné
1 poivron vert épépiné
1 petit oignon
8 tomates cerises

100 g de champignons des bois

HUILE AROMATISÉE :
6 cuil. à soupe d'huile d'olive
1 gousse d'ail écrasée
$^{1}/_{2}$ cuil. à café de mélange d'herbes déshydratées ou d'herbes de Provence

1 Coupez les poivrons en morceaux de 2,5 cm.

2 Épluchez l'oignon, coupez-le en quartiers sans toucher à la base pour que les quartiers ne se défassent pas.

3 Enfilez les poivrons, les quartiers d'oignons, les tomates et les champignons sur les brochettes en alternant la couleur des poivrons.

4 Pour l'huile aromatisée, mélangez dans un bol l'huile d'olive, l'ail et les herbes. Badigeonnez généreusement les brochettes de ce mélange.

5 Faites cuire les kébabs pendant 10 à 15 minutes au-dessus des braises moyennes à ardentes, en les badigeonnant et en les retournant régulièrement.

6 Transférez les kébabs de légumes dans des assiettes chaudes. Servez avec la sauce aux noix (voir Mon Conseil à droite), au choix.

MON CONSEIL

Ces kébabs sont encore meilleurs avec une sauce aux noix. Au mixeur, hachez 125 g de cerneaux de noix jusqu'à obtention d'une pâte homogène. La machine toujours en marche, ajoutez 150 ml de crème épaisse, et 1 cuil. à café d'huile d'olive. Salez et poivrez à volonté. Vous pouvez également hacher finement les noix, puis les écraser au pilon pour former la pâte avant d'ajouter la crème, l'huile, le sel et le poivre.

1

2

4

Farandole de légumes grillés

Ce mélange de légumes grillés accompagnera agréablement vos grillades de viande ou de poisson.

Pour 4 à 6 personnes

INGRÉDIENTS

8 jeunes aubergines
4 courgettes
2 oignons rouges
4 tomates
sel et poivre

1 cuil. à café de vinaigre basalmique pour servir

ASSAISONNEMENT DE CUISSON :
75 g de beurre
2 cuil. à café d'huile de noix
2 gousses d'ail écrasées
4 cuil. à soupe de vin blanc sec ou de cidre

1 Préparez les légumes : coupez les aubergines en deux dans le sens de la longueur, coupez le bout des courgettes et ouvrez-les en deux dans le sens de la longueur. Coupez les tomates en moitiés et tranchez les oignons en rondelles épaisses.

2 Salez et poivrez à volonté l'ensemble des légumes.

3 Pour l'assaisonnement, faites fondre le beurre dans une casserole avec l'huile. Faites-y revenir l'ail à feu doux, de 1 à 2 minutes. Hors du feu, versez le cidre ou le vin blanc en remuant.

4 Mettez les légumes dans la casserole et remuez de manière à ce qu'ils soient bien enduits. Procédez en plusieurs fois si nécessaire.

5 Sortez les légumes de l'assaisonnement que vous réserverez pour la cuisson. Disposez les légumes sur la grille huilée au-dessus des braises moyennes à ardentes. Faites cuire les légumes au barbecue (gril) de 15 à 20 minutes, en les badigeonnant avec le mélange et en ne les retournant qu'une fois ou deux.

6 Transférez les légumes dans des assiettes chaudes, et servez-les arrosés de quelques gouttes de vinaigre basalmique.

MON CONSEIL

Utilisez un pinceau à long manche pour badigeonner les aliments sur le barbecue (gril).

1

2

4

Champignons farcis

Servez ces champignons en accompagnement ou comme amuse-gueule.
Pour les non-végétariens, remplacez le fromage par du chorizo haché.

Pour 12 personnes

INGRÉDIENTS

12 champignons à farcir
4 ciboules hachées
4 cuil. à café d'huile d'olive
100 g de chapelure de pain complet fraîche
1 cuil. à café d'origan frais haché
100 g de feta ou de chorizo

1 Retirez et hachez finement les pieds des champignons.

2 Faites sauter les pieds de champignon et les ciboules dans la moitié de l'huile.

3 Dans un saladier, mélangez soigneusement les pieds de champignon et les ciboules avec la chapelure et l'origan, mettez de côté.

4 Si vous utilisez de la feta émiettez-en de petits morceaux dans un bol.

5 Si vous utilisez du chorizo, ôtez-en la peau et hachez-le menu.

6 Ajoutez la feta ou le chorizo au mélange de chapelure, mélangez bien.

7 Farcissez les chapeaux de champignon avec le mélange obtenu.

8 Versez quelques gouttes d'huile sur les champignons. Faites cuire au barbecue (gril) de 8 à 10 minutes sur une grille huilée, au-dessus de braises moyennes à ardentes.

9 Transférez les champignons dans des assiettes et servez chaud.

MON CONSEIL

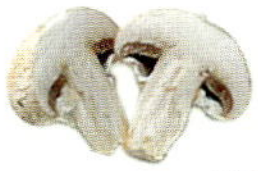

Si vous ne trouvez que des petits champignons, recouvrez la grille de papier d'aluminium huilé pour faire cuire. Cela évitera que les les plus petits d'entre eux ne cuisent trop vite, et que l'excédent de farce ne tombe sur les braises durant la cuisson.

Épis de maïs grillés

Il y a de nombreuses façons de faire cuire le maïs au barbecue (gril). Nous conseillons de le laisser dans son enveloppe pour protéger les grains tendres.

Pour 4 personnes

INGRÉDIENTS

4 épis de maïs doux dans leur enveloppe
100 g de beurre
1 cuil. à soupe de persil frais haché
1 cuil. à café de ciboulette fraîche hachée
1 cuil. à café de thym frais haché
zeste d'un citron
sel et poivre

1 Pour préparer les épis, dégagez-les de l'enveloppe et enlevez les barbes.

2 Ramenez l'enveloppe sur l'épi en l'attachant avec de la ficelle si nécessaire.

3 Blanchissez le maïs environ 5 minutes dans une grande casserole d'eau bouillante. Sortez les épis avec une écumoire et égouttez-les soigneusement.

4 Faites griller les épis de maïs de 20 à 30 minutes au-dessus de braises moyennes à ardentes en les retournant fréquemment.

5 Pendant ce temps, faites ramollir le beurre et travaillez-le avec le persil, la ciboulette, le thym, le zeste de citron. Salez et poivrez à volonté.

6 Transférez les épis de maïs sur les assiettes, enlevez la ficelle et dégagez-les de l'enveloppe. Servez avec une bonne cuillerée de beurre aux herbes.

MON CONSEIL

La cuisson du maïs dans son enveloppe permet de retenir l'humidité pendant la cuisson ; il ne se dessèche donc pas.

MON CONSEIL

Lorsque vous achetez du maïs doux, vérifiez les grains, qui doivent être charnus et bien serrés. Si vous ne trouvez pas d'épis frais, achetez du maïs congelé. Étalez un peu de beurre aux herbes sur des carrés de papier aluminium double épaisseur, enveloppez-en les épis et faites-les cuire dans la braise pendant 20 à 30 minutes.

1

2

5

Papillotes de citrouille au piment et citron vert

Cet accompagnement épicé ne saurait mieux tomber pour un barbecue (gril) d'Halloween.

Pour 4 personnes

INGRÉDIENTS

700 g de citrouille ou de courge
2 cuil. à soupe d'huile de tournesol
25 g de beurre
1/2 cuil. à café de sauce au piment
zeste d'un citron vert
2 cuil. à café de jus de citron vert

1 Coupez la citrouille ou la courge en deux. Enlevez, rincez et mettez les graines de côté. Découpez la citrouille en fines tranches et épluchez-les.

2 Faites chauffer l'huile et le beurre dans une grande casserole, en remuant jusqu'à ce qu'ils soient devenus homogènes. Incorporez la sauce au piment, le zeste et le jus de citron.

3 Ajoutez-y la citrouille ou la courge, les graines, et remuez pour les recouvrir de beurre aromatisé.

4 Répartissez le mélange entre 4 morceaux de papier aluminium en double-épaisseur. Repliez les papillotes de manière à envelopper hermétiquement le mélange de citrouille ou de courge.

5 Faites cuire les papillotes au barbecue (gril) de 15 à 25 minutes au-dessus de braises ardentes, ou jusqu'à ce que la citrouille ou la courge soit tendre.

6 Transférez les papillotes dans des assiettes chaudes, ouvrez l'aluminium sur la table, et servez sans attendre.

VARIANTE

Ajoutez à l'huile 2 cuil. à café de pâte de curry à la place du citron vert et du piment. Utilisez de la courge musquée si vous ne trouvez pas de citrouille.

MON CONSEIL

Soyez toujours attentif lorsque vous manipulez du piment. Il est conseillé de porter des gants jetables pour les ouvrir et les épépiner. Vous pouvez aussi frotter un peu d'huile sur vos doigts avant de commencer – le jus de piment ne pénètrera pas votre peau. Lavez-vous soigneusement les mains lorsque vous avez terminé.

Pain à l'ail

Un éternel classique, le pain à l'ail accompagnera un grand nombre de grillades.

Pour 6 personnes

INGRÉDIENTS

150 g de beurre ramolli
3 gousses d'ail écrasées
2 cuil. à soupe de persil frais haché
poivre
1 baguette longue ou 2 baguettes courtes

1 Mélangez soigneusement le beurre, l'ail et le persil dans un bol. Poivrez à volonté. Remuez bien.

2 Coupez le pain en tranches épaisses.

3 Étalez le beurre aromatisé sur un côté de chaque tranche, et reconstituez la baguette sur une grande feuille de papier alumium.

4 Enveloppez soigneusement le pain et faites-le cuire au barbecue (gril) de 10 à 15 minutes au-dessus de braises ardentes, jusqu'à ce que le beurre fonde et que le pain soit très chaud.

5 Servez le pain à l'ail en accompagnement de toutes sortes de plats.

VARIANTE

Parsemez un peu de mozarella râpée entre les tranches de pain, reconstituez la baguette et faites-la cuire au barbecue (gril) de 10 à 15 minutes, jusqu'à ce que le fromage soit juste fondu.

MON CONSEIL

Certaines recettes suggèrent de ne pas entièrement couper les tranches, mais de les garder attachées. Le pain à l'ail sera cependant plus facile à servir si vous détachez les tranches. Conservez-les simplement en ordre, et réassemblez-les lorsqu'elles sont beurrées.

MON CONSEIL

Lorsque l'ail cuit ainsi, sur le barbecue (gril), sa douceur est mise en valeur. Il se marie bien au pain blanc frais et croustillant, et le résultat est tout simplement délicieux.

Bruschetta

Cette version moderne du pain à l'ail est originaire d'Italie. Il est recommandé d'utiliser une huile d'olive de bonne qualité pour cette recette. Servez la bruschetta avec des kébabs ou du poisson et retrouvez les saveurs de l'été.

Pour 4 personnes

INGRÉDIENTS

1 pain ciabatta ou une baguette
1 grosse gousse d'ail
huile d'olive extra vierge
parmesan frais râpé (facultatif)

1 Coupez le pain en deux puis recoupez-le dans le sens de la longueur pour obtenir 4 morceaux.

2 Coupez la gousse d'ail en deux sans l'éplucher.

3 Faites griller le pain quelques minutes des deux côtés, au-dessus de braises ardentes, jusqu'à ce qu'il soit bien doré.

4 Frottez la partie coupée de l'ail sur toute la surface grillée du pain.

5 Versez quelques gouttes d'huile d'olive sur le pain, et servez chaud, en accompagnement.

6 Parsemez le pain de parmesan râpé (facultatif). Remettez-le sur le barbecue (gril) de 1 à 2 minutes, mie en l'air, jusqu'à ce que le fromage commence à fondre. Servez chaud.

MON CONSEIL

Le parmesan vendu râpé perd rapidement en qualité et en "attaque". Il est conseillé d'acheter de petites quantités de fromage et de le râper soi-même, selon ses besoins. Étroitement enveloppé dans du film plastique ou de l'aluminium, il se conserve plusieurs mois au réfrigérateur. Râpez-le au dernier moment pour en conserver tout le goût.

VARIANTE

En amuse-gueule savoureux, servez la bruschetta garnie d'un mélange de tomates hachées et de quelques anchois ou olives hachés.

MON CONSEIL

N'épluchez pas l'ail et son odeur ne vous collera pas aux doigts.

Salade des Césars

Cette salade américaine traditionnelle a des saveurs franches.

Pour 6 à 8 personnes

INGRÉDIENTS

2 tranches épaisses de pain blanc
2 cuil. à soupe d'huile de tournesol
2 tranches de bacon entrelardé
1 gousse d'ail
50 g de parmesan frais
1 grande salade romaine

ASSAISONNEMENT :
1 petit œuf
le jus d'un citron
6 cuil. à soupe d'huile d'olive
sel et poivre blanc

1 Pour les croûtons, enlevez et jetez la croûte du pain. Coupez la mie en petits cubes. Faites chauffer l'huile dans une poêle (poêlon) et faites-y rissoler les morceaux de pain jusqu'à ce qu'ils soient bien dorés. Égouttez sur du papier absorbant.

2 Enlevez et jetez la couenne du bacon. Hachez et faites frire le bacon jusqu'à ce qu'il soit croustillant. Égouttez-le sur du papier absorbant.

3 Coupez la gousse d'ail en deux et frottez-en l'intérieur d'un saladier de service pour parfumer légèrement la salade.

4 Lavez la salade, déchiquetez les feuilles et mettez-les dans le saladier.

5 À l'aide d'un économe, prélevez des copeaux de parmesan.

6 Pour l'assaisonnement, battez l'œuf dans un bol. Sans cesser de battre, incorporez progressivement le jus de citron et l'huile. Salez et poivrez à volonté.

7 Versez l'assaisonnement sur la salade et mélangez soigneusement. Parsemez la salade de croûtons, de bacon et de copeaux de parmesan.

MON CONSEIL

Il est recommandé aux femmes enceintes, aux jeunes enfants et aux personnes aux défenses immunitaires fragilisées d'éviter les aliments contenant de l'œuf cru.

VARIANTE

Remplacez le bacon par 6 anchois hachés si vous préférez.

1

5

6

Coleslaw (salade de chou cru)

Toujours populaire, la coleslaw 'maison' est infiniment supérieure aux versions du commerce.

Pour 10 à 12 personnes

INGRÉDIENTS

150 ml de de mayonnaise
150 ml de yaourt nature maigre
quelques gouttes de Tabasco
1 chou blanc pointu de taille moyenne
4 carottes
1 poivron vert
2 cuil. à soupe de graines de tournesol
sel et poivre

1 Pour l'assaisonnement, mélangez la mayonnaise, le yaourt et le Tabasco dans un bol. Salez et poivrez à volonté. Mettez au réfrigérateur jusqu'au moment voulu.

2 Coupez le chou en deux puis en quartiers. Ôtez et jetez la partie dure du milieu. Coupez les feuilles en lanières fines, lavez-les et séchez-les soigneusement.

3 Épluchez les carottes et râpez-les grossièrement au mixeur ou à la main.

4 Coupez le poivron en quartiers. Épépinez-les puis découpez les quartiers en fines lanières.

5 Mélangez les légumes dans un grand saladier. Versez l'assaisonnement par dessus et mélangez soigneusement. Mettez la salade au réfrigérateur.

6 Juste avant de servir, disposez les graines de tournesol sur une plaque, et faites-les griller au four ou sous le gril jusqu'à ce qu'elles soient bien dorées.

7 Parsemez la coleslaw de graines de tournesol et servez.

MON CONSEIL

Vous pouvez préparer la coleslaw quelques jours à l'avance, en ajoutant les graines de tournesol au dernier moment pour qu'elles soient bien croquantes.

VARIANTE

Variez les saveurs en ajoutant un ou plusieurs des ingrédients suivants : raisins secs, raisins, pomme râpée, noix hachées, cubes de fromage ou cacahuètes grillées.

Salade de haricots verts et de carottes

Cette salade, de légumes croquants et colorés, est relevée d'une délicieuse vinaigrette aux tomates séchées.

Pour 4 personnes

INGRÉDIENTS

350 g de haricots verts
225 g de carottes
1 poivron rouge
1 oignon rouge

VINAIGRETTE :
2 cuil. à soupe d'huile d'olive extra vierge
1 cuil. à soupe de vinaigre de vin rouge
2 cuil. à café de pâte de tomates séchées
1/4 de cuil. à café de sucre en poudre
sel et poivre

1 Épluchez les haricots et faites-les blanchir 4 minutes dans de l'eau bouillante. Égouttez-les et rincez-les à l'eau froide pour les refroidir complètement. Égouttez à nouveau.

2 Mettez les haricots dans un grand saladier.

3 Épluchez les carottes puis coupez-les en fins bâtonnets à l'aide d'une mandoline, si vous en avez une.

4 Ouvrez et épépinez le poivron, puis découpez-le en fines lanières.

5 Épluchez l'oignon et coupez-le en rondelles fines.

6 Ajoutez la carotte, le poivron et l'oignon aux haricots verts. Mélangez soigneusement.

7 Pour la vinaigrette, mettez dans un bocal à couvercle hermétique l'huile, le vinaigre, la pâte de tomates séchées, poivrez selon le goût et agitez bien.

8 Versez la vinaigrette sur la salade et servez sans attendre, ou mettez-la au réfrigérateur jusqu'au moment voulu.

MON CONSEIL

Utilisez des haricots en boîte si vous n'en trouvez pas de frais. Rincez le liquide salé et égouttez soigneusement. Inutile de blanchir les haricots en conserve.

Salade d'épinards à l'orange

Une salade rafraîchissante et nutritionellement riche.
Ne versez la sauce qu'au dernier moment pour ne pas abîmer les feuilles d'épinard.

Pour 4 à 6 personnes

INGRÉDIENTS

225 g de feuilles de jeunes épinards
2 grosses oranges
1/2 oignon rouge

ASSAISONNEMENT :
3 cuil. à soupe d'huile d'olive extra vierge
2 cuil. à soupe de jus d'orange fraîchement pressé
2 cuil. à café de jus de citron
1 cuil. à café de miel liquide
1/2 cuil. à café de moutarde à l'ancienne
sel et poivre

1 Lavez les épinards sous l'eau froide, et séchez-les soigneusement sur du papier absorbant. Supprimez toutes les tiges dures et déchiquetez les plus grandes feuilles en petits morceaux.

2 Avec un couteau tranchant coupez les extrêmités des oranges, et enlevez l'écorce.

3 Découpez soigneusement entre les membranes de l'orange pour en défaire les segments.

4 Avec un couteau tranchant hachez finement l'oignon.

5 Mélangez les feuilles d'épinard et les segments d'orange, puis disposez-les dans un plat.

6 Parsemez la salade d'oignon haché.

7 Pour l'assaisonnement, dans un petit bol battez à la fourchette l'huile d'olive, le jus d'orange, le jus de citron, le miel, la moutarde. Salez et poivrez selon le goût.

8 Versez la sauce sur la salade avant de servir. Mélangez soigneusement.

MON CONSEIL

Déchiquetez les feuilles d'épinard en petits morceaux ; les couper abîme les feuilles.

VARIANTE

Mélangez des feuilles d'épinard et de cresson pour obtenir une salade au goût légèrement poivré.

Salade de pommes de terre

Vous pouvez utiliser un reste de pommes de terre froides coupées en petits morceaux, pour cette salade. Si vous devez en faire cuire, choisissez de toutes petites pommes de terre nouvelles pour un maximum de goût.

Pour 4 personnes

INGRÉDIENTS

700 g de petites pommes de terre nouvelles
8 ciboules
1 œuf dur (facultatif)

250 ml de mayonnaise
1 cuil. à café de paprika
sel et poivre

GARNITURE :
2 cuil. à soupe de ciboulette hachée
une pincée de paprika

1 Portez une grande casserole d'eau légèrement salée à ébullition. Faites-y cuire les pommes de terre de 10 à 15 minutes, jusqu'à ce qu'elles soient juste tendres.

2 Égouttez les pommes de terre dans une passoire, et rincez-les sous l'eau froide pour les refroidir complètement. Égouttez-les soigneusement et mettez-les dans un grand saladier.

3 Avec un couteau tranchant, raccourcissez et tranchez finement les ciboules en biais.

4 Hachez l'œuf dur (facultatif).

5 Mélangez dans un bol la mayonnaise, le paprika, sel et poivre à volonté. Versez ce mélange sur les pommes de terre.

6 Ajoutez aux pommes de terre les ciboules et l'œuf (facultatif), mélangez soigneusement.

7 Transférez la salade de pommes de terre dans un saladier de service, parsemez-la de ciboulette coupée aux ciseaux et d'une pincée de paprika. Couvrez-la et mettez-la au réfrigérateur jusqu'au moment de servir.

VARIANTE

Pour une sauce plus légère, remplacez la moitié de la mayonnaise par du yaourt nature.

VARIANTE

Ajoutez des cubes de fromage.

Taboulé

La fraîcheur et le croquant de ce plat, populaire au Moyen-Orient, accompagnent parfaitement les grillades.

Pour 4 personnes

INGRÉDIENTS

225 g de blé concassé
225 g de tomates
1 petit oignon
1/4 de concombre
1/2 poivron rouge
4 cuil. à soupe de persil frais haché
3 cuil. à soupe de menthe fraîche hachée
2 cuil. à soupe de pignons
4 cuil. à soupe de jus de citron
4 cuil. à soupe d'huile d'olive extra vierge
2 gousses d'ail écrasées
sel et poivre

1 Dans un saladier, recouvrez largement le blé concassé d'eau bouillante. Laissez gonfler 30 minutes jusqu'à ce que les grains soient tendres.

2 Égouttez le blé dans une grande passoire. Pressez-le avec une assiette pour en exprimer le maximum d'eau. Transférez-le dans un saladier.

3 Coupez les tomates en deux, épépinez-les avec une cuillère. Découpez la chair en petits dés.

4 Avec un couteau tranchant, hachez finement l'oignon.

5 Avec une cuillère, épépinez le concombre, et découpez-le en petits dés.

6 Ôtez les grains du poivron et hachez-le.

7 Mélangez soigneusement les légumes, les herbes et les pignons au blé.

8 Mélangez dans un bol le jus de citron, l'huile, l'ail, sel et poivre à volonté.

9 Versez cet assaisonnement sur la salade, et mélangez soigneusement. Mettez la salade au réfrigérateur jusqu'au moment de servir.

MON CONSEIL

Préparez le taboulé quelques heures à l'avance, pour que les arômes se développent et se mélangent. Cette salade se conservera quelques jours au réfrigérateur.

Salade de lentilles chaudes au vinaigre basalmique

Assaisonnez cette salade chaude avec de la vinaigrette forte. Vous pouvez également la servir froide.

Pour 6 à 8 personnes

INGRÉDIENTS

175 g de lentilles cuites du Puy
4 cuil. à soupe d'huile d'olive
1 petit oignon tranché
4 branches de céleri tranchées
2 gousses d'ail écrasées
2 courgettes à l'extrêmité coupée et coupées en dés
125 g de haricots verts épluchés et coupés
1/2 poivron rouge épépiné et coupé en morceaux.
1/2 poivron jaune épépiné et coupé en morceaux
1 cuil. à café de moutarde de Dijon
1 cuil. à soupe de vinaigre basalmique
sel et poivre

1 Mettez les lentilles, encore chaudes selon votre goût, dans un grand saladier.

2 Chauffez l'huile dans une casserole, et faites-y fondre l'oignon et le céleri pendant 2 à 3 minutes, sans les laisser dorer.

3 En remuant, ajoutez l'ail, les courgettes et les haricots verts dans la casserole et faites cuire 2 minutes de plus.

4 Ajoutez les poivrons, faites cuire 1 minute.

5 Sans cesser de remuer, incorporez la moutarde et le vinaigre basalmique, et continuez à remuer jusqu'à ce qu'ils soient chauds et bien mélangés.

6 Versez le mélange chaud sur les lentilles et mélangez soigneusement. Salez et poivrez à volonté et servez sans attendre.

MON CONSEIL

Pour faire cuire les lentilles, rincez-les soigneusement avant de les mettre dans une grande casserole. Recouvrez-les d'eau froide et portez à ébullition. Faites bouillir à feu vif pendant 10 minutes, puis baissez le feu et laissez mijoter 35 minutes. Égouttez soigneusement.

Salade de Mozzarella

Cette salade, facile à réaliser, est pleine de saveurs et de couleurs.

Pour 6 personnes

INGRÉDIENTS

200 g de jeunes épinards
125 g de cresson
125 g de mozzarella
225 g de tomates cerises
2 cuil. à café de vinaigre basalmique
$1^1/_2$ cuil. à café d'huile d'olive extra vierge
sel et poivre noir fraîchement moulu

1 Lavez les épinards et le cresson, et égouttez-les soigneusement sur du papier absorbant. Enlevez toutes les tiges dures, puis disposez les épinards et le cresson dans un plat de service.

2 Coupez la mozzarella en petits morceaux et répartissez-les sur la salade.

3 Coupez les tomates cerises en deux et répartissez-les sur la salade.

4 Versez sur la salade le vinaigre basalmique et l'huile, salez et poivrez à volonté. Mélangez soigneusement. Servez sans attendre ou mettez au réfrigérateur jusqu'au moment voulu.

MON CONSEIL

La mozzarella est un fromage frais au petit goût acidulé, traditionnellement préparé avec du lait de buffle d'eau. Elle est vendue dans son petit-lait qui en conserve l'humidité. Le lait de buffle d'eau se faisant rare, le fromage est maintenant le plus souvent fabriqué avec du lait de vache. La mozzarella se marie bien avec les tomates, et cette association de goûts est devenue un classique.

VARIANTE

Remplacez la mozzarella par de la feta ou de l'halloumi, pour varier les saveurs. Vous pouvez aussi utiliser du vinaigre de Xérès au lieu de vinaigre basalmique.

Salade d'artichauds et de jambon de Parme

Ce hors-d'œuvre raffiné fera aussi une bonne entrée, servi avec un peu de pain frais.

Pour 4 personnes

INGRÉDIENTS

275 g de cœurs d'artichauds à l'huile en boîte, égouttés
4 petites tomates
25 g de tomates séchées au soleil à l'huile
40 g de jambon de Parme
25 g d'olives noires dénoyautées, coupées en deux
quelques feuilles de basilic

VINAIGRETTE :
3 cuil. à soupe d'huile d'olive
1 cuil. à soupe de vinaigre de vin blanc
1 gousse d'ail écrasée
1/2 cuil. à café de moutarde douce
1 cuil. à café de miel liquide
sel et poivre

1 Égouttez soigneusement les cœurs d'artichauds, et coupez-les en quartiers dans un saladier.

2 Coupez les tomates fraîches en quartiers, découpez les tomates séchées et le jambon de Parme en fines lanières et mettez le tout dans le saladier avec les moitiés d'olives noires.

3 Déchiquetez les feuilles de basilic en petits morceaux, en en conservant quelques-unes pour la garniture, et ajoutez-les à la salade.

4 Pour la vinaigrette, mettez dans un bocal à couvercle hermétique l'huile, le vinaigre de vin, l'ail, la moutarde, le miel, sel et poivre à volonté, et secouez bien pour mélanger les ingrédients.

5 Versez la vinaigrette sur la salade et mélangez soigneusement.

6 Servez la salade garnie de quelques feuilles de basilic entières.

MON CONSEIL

Utilisez si possible des artichauds à l'huile en bocal, car ils ont meilleur goût. Si vous ne trouvez que des conserves, rincez soigneusement les artichauds pour éliminer la saumure.

1

3

5

Salade de poires au roquefort

La douceur de la poire contrebalance idéalement le 'mordant' de la feuille de chêne.

Pour 4 personnes

INGRÉDIENTS

50 g de Roquefort
150 ml de yaourt nature maigre
2 cuil. à soupe de ciboulette hachée
quelques feuilles de lollo rosso
quelques feuilles de chêne
quelques feuilles de mâche
2 poires mûres
poivre
ciboulettes entières pour garnir

1 Mettez le fromage dans un petit saladier, et écrasez-le à la fourchette. Incorporez progressivement le yaourt au fromage pour obtenir une sauce homogène. Ajoutez la ciboulette et poivrez à volonté.

2 Déchirez la lollo rosso, les feuilles de chêne et la mâche en petits morceaux. Disposez les feuilles de salade sur un plat de service ou dans des assiettes.

3 Coupez les poires en quartiers, enlevez le cœur puis découpez les quartiers en tranches.

4 Disposez les tranches de poire sur la salade.

5 Versez petit à petit l'assaisonnement sur les poires et garnissez de quelques ciboulettes entières. Servez.

MON CONSEIL

Achetez des sachets de feuilles de salade mélangées, plus économiques que les diverses salades entières. A moins qu'elle ne soit vendue lavée, rincez soigneusement la salade et séchez-la bien avec du papier absorbant ou à l'égouttoir à salade. Vous pouvez également mettre la salade dans un torchon propre et l'agiter pour sécher les feuilles.

MON CONSEIL

Présentez la salade de poires au roquefort dans des assiettes pour une entrée élégante, ou dans un grand plat de service comme accompagnement.

1

2

4

Salade de fusilli à la vinaigrette au basilic

Tous les ingrédients du pesto se retrouvent dans cette salade au goût d'été, à déguster en plein air.

Pour 4 personnes

INGRÉDIENTS

225 g de fusilli (pâtes en torsade)
4 tomates
50 g d'olives noires
25 g de tomates séchées à l'huile
2 cuil. à soupe de pignons
2 cuil. à soupe de parmesan râpé
basilic frais pour garnir

VINAIGRETTE
15 g de feuilles de basilic
1 gousse d'ail
2 cuil. à soupe de parmesan râpé
4 cuil. à soupe d'huile d'olive extra vierge
3 cuil. à soupe de jus de citron
sel et poivre

1 Faites cuire les pâtes dans de l'eau bouillante légèrement salée, al dente pendant 10 à 12 minutes, ou en suivant les instructions du paquet. Égouttez et rincez les fusilli à l'eau froide. Mettez les pâtes dans un grand saladier.

2 Pour la vinaigrette, mettez les feuilles de basilic, l'ail, le fromage, l'huile et le jus de citron dans le bol d'un mixeur. Salez et poivrez à volonté. Mixez jusqu'à ce que les feuilles soient bien hachées et que tous les ingrédients soient bien mélangés. Vous pouvez également hacher le basilic à la main, et le mélangez aux autres ingrédients de la vinaigrette. Versez la vinaigrette sur les pâtes et remuez bien.

3 Coupez les tomates en quartiers. Dénoyautez et coupez les olives en deux. Tranchez les tomates séchées. Faites bien dorer les pignons sur une plaque sous le gril.

4 Mélangez soigneusement les tomates (fraîches et séchées) et les olives aux pâtes.

5 Transférez la salade dans un plat de service, parsemez de parmesan et de pignons et décorez de quelques feuilles de basilic.

MON CONSEIL

Les tomates séchées au soleil ont un goût intense. Elles sont le plus souvent vendues dans l'huile, avec des herbes et de l'ail. Ne jetez pas cette l'huile, qui est excellente : utilisez-la dans vos vinaigrettes.

Salade de mangue et de riz sauvage

Le riz sauvage est une plante aquatique d'Amérique du Nord, au léger goût de noisette et à la consistance un peu élastique.

Pour 6 personnes

INGRÉDIENTS

75 g de riz sauvage
150 g de riz Basmati
3 cuil. à soupe d'huile de noisette
1 cuil. à soupe de vinaigre de Xérès
1 mangue mûre
3 branches de céleri
75 g d'abricots secs hachés
75 g d'amandes effilées, grillées
2 cuil. à soupe de coriandre ou de menthe fraîche hachée
sel et poivre
quelques pousses de coriandre ou de menthe fraîche, pour garnir

1 Portez deux casseroles d'eau légèrement salée à ébullition, faites-y cuire le riz sauvage pendant 45 à 50 minutes, et le riz basmati pendant 10 à 12 minutes. Égouttez, rincez bien et égouttez à nouveau. Mélangez les riz dans un saladier.

2 Mélangez l'huile, le vinaigre et l'assaisonnement. Versez-le sur le riz et mélangez soigneusement.

3 Ouvrez la mangue dans le sens de la longueur, aussi près que possible du noyau. Enlevez et jetez ce dernier.

4 Épluchez la mangue et coupez-la en tranches.

5 Tranchez les tiges de céleri et ajoutez-les aux riz avec la mangue, les abricots, les amandes et les herbes hachées. Mélangez soigneusement et transférez dans un plat de service. Garnissez de quelques pousses d'herbes fraîches.

MON CONSEIL

Ajoutez la vinaigrette au riz encore chaud, car il absorbe mieux les saveurs.

MON CONSEIL

Pour griller les amandes, disposez-les sur une plaque dans un four préchauffé à 180°C/ th. 4, pendant 5 à 10 minutes. Vous pouvez aussi les mettre sous le gril, en les retournant régulièrement et en les surveillant attentivement car elles brûlent rapidement.

1

4

5

Salade de haricots mélangés

Utilisez toutes sortes de haricots en conserve dans cette salade croquante et très nourrissante.

Pour 6 à 8 personnes

INGRÉDIENTS

400 g de flageolets en conserve égouttés
400 g de haricots rouges en conserve égouttés
400 g de haricots verts en conserve égouttés
1 petit oignon rouge en rondelles fines
175 g de haricots verts épluchés
1 poivron rouge coupé en deux et épépiné

VINAIGRETTE :
4 cuil. à soupe d'huile d'olive
2 cuil. à soupe de vinaigre de Xérès
2 cuil. à soupe de jus de citron
1 cuil. à café de sucre roux
1 cuil. à café de sauce au piment

1 Versez les haricots en conserve dans un grand saladier. Ajoutez-y l'oignon coupé en rondelles et mélangez.

2 Coupez les haricots verts en deux et faites-les cuire environ 8 minutes dans de l'eau bouillante légèrement salée, jusqu'à ce qu'ils soient tendres. Rafraîchissez-les sous l'eau froide puis égouttez de nouveau. Ajoutez aux haricots mélangés.

3 Disposez les moitiés de poivron, peau vers le haut sous le gril, et faites-les cuire jusqu'à ce que la peau noircisse et carbonise. Laissez refroidir un peu puis mettez-les environ 10 minutes dans un sac en plastique. Enlevez et jetez la peau des moitiés de poivron. Hachez-les grossièrement et ajoutez-les à la salade.

4 Pour la vinaigrette, mettez dans un bocal à couvercle hermétique l'huile, le vinaigre de Xérès, le jus de citron, le sucre et la sauce au piment (facultatif), et secouez bien.

5 Versez la vinaigrette sur la salade de haricots et mélangez soigneusement. Laissez la salade au réfrigérateur jusqu'au moment de servir.

VARIANTE

Vous pouvez associer toutes sortes de haricots à cette salade. Pour des saveurs différentes, remplacez la sauce au piment par 1 cuil. à café de pâte de curry.

VARIANTE

Ajoutez des miettes de thon ou des morceaux de saucisson à l'ail pour transformer cette salade en plat principal.

1

2

5

Salade de poivrons à la méditerranéenne

Cette salade, pleine de saveurs méditerranéennes, accompagnera agréablement toutes vos grillades, de viande en particulier. Vous pouvez également la servir en entrée, avec une sélection de pains italiens ou français.

Pour 4 personnes

INGRÉDIENTS

2 poivrons rouges coupés en deux et épépinés
2 poivrons jaunes coupés en deux et épépinés
3 cuil. à soupe d'huile d'olive extra vierge
1 oignon en quartiers
2 grosses courgettes en rondelles
2 gousses d'ail émincées
1 cuil. à café de vinaigre basalmique
50 g de filets d'anchois hachés
25 g d'olives noires dénoyautées, coupées en quatre
feuilles de basilic frais

1 Disposez les moitiés de poivron, peau vers le haut, sous le gril et faites-les griller jusqu'à ce que la peau noircisse et carbonise. Laissez-les refroidir un peu puis mettez-les environ 10 minutes dans un sac en plastique.

2 Enlevez et jetez la peau des moitiés de poivron. Coupez la chair en grosses lanières.

3 Dans une grande poêle, faites chauffer l'huile et faites-y blondir l'oignon à feu doux, pendant 10 minutes. Ajoutez les rondelles de courgette, l'ail et les lanières de poivron, faites cuire 10 minutes en remuant de temps à autre.

4 Incorporez le vinaigre, les anchois et les olives. Assaisonnez à volonté. Mélangez soigneusement et laissez refroidir.

5 Mettez quelques feuilles de basilic de côté, déchiquetez le reste en petits morceaux. Mélangez-les à la salade.

6 Transférez la salade dans un plat de service et garnissez de quelques feuilles de basilic entières.

MON CONSEIL

Le vinaigre basalmique provient de la région de Modena, en Italie. Son goût riche et subtil est parfaitement adapté aux salades d'inspiration méditerranéenne. Remplacez-le si besoin par du vinaigre de Xérès ou de vin blanc.

1

2
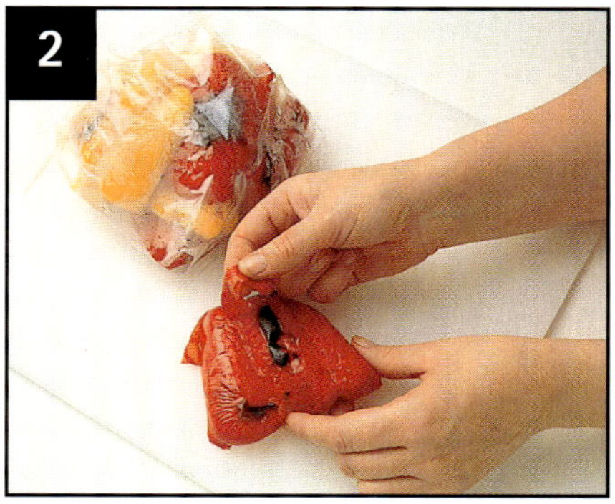

4

Les desserts

N'oubliez pas le dessert – lui aussi peut se préparer au barbecue (gril). Même s'ils ne constituent pas la pièce maîtresse d'une soirée barbecue (gril), ils sont toujours amusants à faire cuire. Vous pouvez généralement les préparer à l'avance, puis les faire cuire sur les braises mourantes pendant que vous attaquez votre repas.

Les fruits sont toujours très appréciés après un repas souvent riche et nourrissant. Essayez les croissants fourrés au chocolat et aux framboises, ou le panettone (brioche italienne) au marscapone.

Ayez toujours de la crème glacée au congélateur. Les enfants en raffolent et elle accompagne délicieusement les fruits cuits. Le yaourt nature ou la crème liquide sont également des ingrédients utiles. Si vous ne voulez pas de dessert chaud, préparez une simple salade de fruits.

Pour une petite friandise rapide, embrochez de la pâte de guimauve, et faites-la juste ramollir sur le barbecue, ou faites griller des morceaux de pain brioché et nappez-les d'un peu de sirop d'érable.

Pommes cuites au barbecue (gril)

Enveloppées dans du papier aluminium, les pommes cuisent à la perfection au barbecue. Une délicieuse façon de terminer le repas.

Pour 4 personnes

INGRÉDIENTS

4 pommes à cuire de taille moyenne
25 g de noix hachées
25 g d'amandes hachées
25 g de sucre roux
25 g de cerises hachées
25 g de gingembre haché
1 cuil. à soupe d'amaretto (liqueur au amandes) (facultatif)
50 g de beurre
crème liquide ou yaourt nature pcur servir

1 Évidez les pommes. Avec un couteau, incisez la peau sur la circonférence pour l'empêcher de craquer pendant la cuisson.

2 Pour la garniture, mélangez les noix, les amandes, le sucre, les cerises, le gingembre et l'amaretto (facultatif) dans un bol.

3 Remplissez l'intérieur évidé des pommes avec ce mélange. Laissez la garniture déborder un peu au-dessus de la pomme.

4 Mettez chaque pomme dans un carré de papier aluminium en double épaisseur bien beurré. Pliez l'aluminium de manière à ce que la pomme soit totalement enveloppée.

5 Faites cuire les papillotes au barbecue (gril) au-dessus des braises ardentes, pendant 25 à 30 minutes.

6 Transférez les pommes dans des assiettes chaudes. Servez avec un peu de crème liquide ou de yaourt nature battu.

MON CONSEIL

Si le barbecue refroidit, mettez les papillotes directement dans la braise pendant 25 à 30 minutes, et servez avec la crème ou le yaourt.

1

3

4

Brochettes de fruits à la sauce au chocolat

Trempez ces kébabs légèrement grillés dans une délicieuse sauce au chocolat.

Pour 4 personnes

INGRÉDIENTS

Assortiment de fruits (comme des oranges, bananes, fraises, morceaux d'ananas (frais ou en boîte), abricots (frais ou en boîte), pommes, poires, kiwis)
1 cuil. à soupe de jus de citron

SAUCE CHOCOLAT :
50 g de beurre
50 g de chocolat noir en petits carrés
1/2 cuil. à soupe de cacao en poudre
2 cuil. à soupe de sirop de sucre

NAPPAGE :
4 cuil. à soupe de miel liquide
zeste et jus d'une demi-orange

1 Pour la sauce au chocolat, mettez dans une petite casserole le beurre, le chocolat, le cacao en poudre et le sirop de sucre. Chauffez à feu doux ou sur le bord de la grille en remuant constamment jusqu'à ce que tous les éléments soient fondus et homogènes.

2 Pour préparer les fruits, épluchez-les et évidez-les si nécessaire, puis coupez-les en gros morceaux ou en quartiers. Arrosez les pommes, les poires et les bananes de jus de citron pour éviter qu'elles ne noircissent. Embrochez les morceaux de fruits.

3 Pour le nappage, mélangez le miel, le jus et le zeste d'orange. Faites chauffer à feu doux si nécessaire, et badigeonnez les fruits de ce mélange.

4 Faites cuire les brochettes de fruits au-dessus de braises à demi-étouffées pendant 5 à 10 minutes. Servez avec la sauce au chocolat à part.

MON CONSEIL

Si le barbecue est trop chaud, relevez la grille pour qu'elle se trouve à 15 cm des braises, ou étalez ces dernières pour réduire la chaleur. Ne préparez pas les brochettes de fruits plus de 1 ou 2 heures à l'avance.

1

2

3

Kébabs de fruits au caramel

Servez ces kébabs de fruits, avec leur sauce collante au caramel, lors de vos barbecues (gril) d'automne et d'Halloween.

Pour 4 personnes

INGRÉDIENTS

2 pommes évidées et coupées en quartiers
2 poires évidées et coupées en quartiers
jus d'un 1/2 citron
25 g de sucre roux
1/4 de cuil. à café de quatre-épices moulu
25 g de beurre doux fondu

SAUCE :
125 g de beurre
100 g de sucre roux
6 cuil. à soupe de crème épaisse

1 Arrosez les pommes et les poires de jus de citron pour éviter qu'elles ne noircissent.

2 Mélangez le sucre et le quatre-épices, parsemez-en les fruits.

3 Enfilez les fruits sur les brochettes.

4 Pour la sauce caramel, mettez le beurre et le sucre dans une casserole, faites chauffer en remuant doucement jusqu'à ce que le beurre soit fondu et le sucre dissout.

5 Incorporez la crème et portez à ébullition. Faites bouillir 1 ou 2 minutes, puis retirez du feu et laissez refroidir un peu.

6 Pendant ce temps, disposez les brochettes de fruit au-dessus de braises ardentes, et faites-les cuire environ 5 minutes en les retournant et les badigeonnant régulièrement de beurre fondu.

7 Transférez les kekabs de fruit sur des assiettes chaudes, et servez-les avec la sauce caramel légèrement tiédie.

MON CONSEIL

Choisissez des variétés de pommes et de poires de bonne consistance pour cette recette, comme la golden, la granny smith ou la braeburn. Les pommes et les poires moins fermes ramolliront pendant la cuisson.

VARIANTE

Avant de servir, parsemez les brochettes de fruit de noix ou de noix de pécan hachées.

Croissants au chocolat et aux framboises

Faciles à préparer, ces savoureux croissants sont légèrement grillés au barbecue (gril) pour faire fondre le chocolat.

Pour 4 personnes

INGRÉDIENTS

4 croissants au beurre
4 cuil. à café de confiture de framboises
75 g de chocolat noir
125 g de framboises
un peu d'huile

1 Ouvrez les croissants. Étalez une cuil. à café de confiture de framboises sur la moitié inférieure de chaque croissant.

2 Râpez ou hachez finement le chocolat et recouvrez-en la confiture de framboises.

3 Huilez légèrement au pinceau 4 feuilles de papier aluminium.

4 Répartissez les framboises entre les quatre croissants, et replacez la moitié supérieure. Disposez chaque croissant sur une feuille d'aluminium puis refermez soigneusement les papillotes.

5 Mettez la grille à environ 15 cm des braises. Transférez les croissants sur la grille et laissez chauffer 10 à 15 minutes, ou jusqu'à ce que le chocolat commence à fondre.

6 Enlevez l'aluminium et transférez les croissants dans des assiettes. Servez chaud.

VARIANTE

Essayez de fourrer les croissants avec des fraises et du chocolat, en utilisant des fraises coupées en rondelles et de la confiture de fraise.

VARIANTE

Vous pouvez également utiliser du chocolat au lait, ou un mélange de chocolat noir et de chocolat au lait pour la garniture.

MON CONSEIL

Utilisez les meilleures confitures possibles, ou mieux, des confitures maison.

Bananes cuites

La crème parfumée à l'orange peut être préparée à l'avance, mais faites les papillotes de banane au dernier moment – il ne vous faudra que quelques minutes.

Pour 4 personnes

INGRÉDIENTS

4 bananes
2 fruits de la passion
4 cuil. à soupe de jus d'orange
4 cuil. à soupe de liqueur parfumée à l'orange

CRÈME PARFUMÉE À L'ORANGE :
150 ml de crème épaisse
3 cuil. à soupe de sucre glace
2 cuil. à soupe de liqueur parfumée à l'orange

1 Épluchez les bananes et disposez chacune d'elles sur un rectangle de papier aluminium.

2 Coupez les fruits de la passion en deux et pressez-en le jus au-dessus des bananes. Avec une cuillère, arrosez les bananes de jus d'orange et de liqueur.

3 Repliez le papier aluminium de manière à bien envelopper les bananes.

4 Faites cuire les bananes au barbecue (gril) environ 10 minutes au-dessus de braises ardentes.

5 Pour la crème parfumée à l'orange, versez la crème épaisse dans un bol avec le sucre glace. Battez la crème jusqu'à ce qu'elle soit ferme. Incorporez délicatement la liqueur parfumée à l'orange, et laissez reposer au réfrigérateur.

6 Transférez les papillotes de banane dans des assiettes chaudes. Ouvrez-les à la table et servez sans attendre, accompagné de la crème parfumée à l'orange.

VARIANTE

Pour aller vite, laissez les bananes dans leur peau. Fendez la peau et insérez 1 ou 2 carrés de chocolat. Enveloppez les bananes de papier aluminium et faites-les cuire environ 10 minutes au barbecue (gril), jusqu'à ce que le chocolat fonde.

1

2

5

Panettone au mascarpone et aux fraises

Le panettone est une brioche italienne, délicieuse lorsqu'elle est servie grillée avec du fromage frais et des fraises marinées. Un dessert somptueux.

Pour 4 personnes

INGRÉDIENTS

225 g de fraises
25 g de sucre en poudre
6 cuil. à soupe de marsala
$^{1}/_{2}$ cuil. à café de cannelle moulue
4 tranches de panettone
4 cuil. à soupe de mascarpone (fromage frais)

1 Équeutez et émincez les fraises, puis mettez-les dans un saladier. Ajoutez le sucre, le marsala et la cannelle.

2 Remuez bien les fraises dans le sucre et la cannelle de manière à ce qu'elles en soient bien enduites. Mettez au réfrigérateur au moins 30 minutes.

3 Au moment voulu, mettez les tranches de panettone sur la grille au-dessus de braises tièdes. Faites-les griller 1 minute sur chaque côté sans les laisser brûler.

4 Transférez le panettone sur des assiettes. Garnissez de mascarpone et de fraises marinées. Servez sans attendre.

MON CONSEIL

Le mascarpone est un fromage italien à pâte molle avec une texture riche et crémeuse qui a le goût d'une crème très épaisse. Il fondra sur le panettone et le rendra délicieux. Si vous ne trouvez pas de mascarpone, vous pouvez utiliser de la crème fraîche très épaisse.

VARIANTE

Étalez du mascarpone ou du fromage frais sur du pain brioché grillé au barbecue (gril).

1

3

4

Ananas pinacolada

L'ananas et la noix de coco se marient plutôt bien, comme en atteste le succès du cocktail du même nom. Le dessert proposé ici est tout aussi explosif.

Pour 4 personnes

INGRÉDIENTS

1 petit ananas
50 g de beurre doux
25 g de sucre roux
50 g de noix de coco fraîche râpée
2 cuil. à soupe de liqueur parfumée à la noix de coco ou de rhum

1 À l'aide d'un couteau tranchant, coupez l'ananas en quatre et enlevez la partie dure du milieu en laissant les feuilles intactes.

2 Séparez soigneusement la pulpe du fruit de sa peau. Faites des entailles verticales dans la chair des quartiers d'ananas.

3 Mettez le beurre dans une casserole, et faites-le fondre à feu doux. Badigeonnez l'ananas de beurre fondu et sucrez-le.

4 Couvrez les feuilles d'ananas de papier aluminium pour les protéger de la chaleur, et transférez les quartiers sur la grille, au-dessus de braises ardentes.

5 Faites cuire environ 10 minutes.

6 Parsemez de noix de coco et faites cuire, face coupée en l'air, pendant 5 à 10 minutes de plus ou jusqu'à ce que l'ananas soit très chaud.

7 Disposez l'ananas dans des assiettes individuelles et enlevez le papier aluminium des feuilles. Versez un peu de liqueur parfumée à la noix de coco ou de rhum et servez sans attendre.

MON CONSEIL

Utilisez de la noix de coco fraîche pour cette recette. Vous pouvez également utiliser de la noix de coco séchée (râpée).

Poires farcies au mincemeat

Les poires se ramollissent vite lorsqu'elles cuisent.
C'est pourquoi, pour cette recette, il faut choisir des fruits à chair ferme.

Pour 4 personnes

INGRÉDIENTS

- 4 poire fermes
- 2 cuil. à soupe de mincemeat (hachis de fruits secs, de pomme et de beurre imbibé de cognac)
- 1 cuil. à café de jus de citron
- 5 cuil. à soupe de miettes de gâteau ou 4 biscuits à la cuillère écrasés
- 15 g de beurre
- crème glacée, pour servir

1 Avec un couteau tranchant, coupez les poires en deux. Évidez-les avec une cuillère.

2 Badigeonnez la surface coupée des poires avec un peu de jus de citron pour éviter qu'elles ne noircissent.

3 Mélangez le mincemeat et les miettes de gâteau ou les biscuits écrasés.

4 Répartissez ce mélange entre les quatres moitiés de poire, et remplissez les trous laissés par les cœurs.

5 Disposez deux moitiés de poire sur un grand carré de papier aluminium en double épaisseur, généreusement parsemé de noisettes de beurre.

6 Enveloppez soigneusement les poires dans l'aluminium.

7 Transférez les papillotes sur la grille, au-dessus des braises ardentes. Faites-les cuire 25 à 30 minutes ou jusqu'à ce que les poires soient chaudes et tendres.

8 Disposez les poires dans les assiettes, servez avec deux boules de crème glacée par personne.

VARIANTE

Remplacez les poires par des pommes, préparées et cuites de la même manière.

MON CONSEIL

Si le barbecue refroidit, mettez les papillotes directement dans la braise et faites-les cuire au barbecue (gril) pendant 25 à 30 minutes.

Pêches au mascarpone

Préparez ce dessert à l'avance, vous n'aurez ainsi plus qu'à le mettre sur le barbecue au moment voulu.

Pour 4 personnes

INGRÉDIENTS

4 pêches
175 g de mascarpone (fromage frais)
40 g de noix de pécan ou de noix, hachées
1 cuil. à café d'huile de tournesol
4 cuil. à café de sirop d'érable

1 Coupez les pêches en deux et enlevez le noyau. Si vous préparez le dessert à l'avance, remettez les moitiés l'une contre l'autre, et enveloppez-les dans du film plastique alimentaire.

2 Dans un bol, mélangez soigneusement le mascarpone et les noix ou noix de pécan, puis mettez au réfrigérateur.

3 Au moment voulu, badigeonnez les pêches avec un peu d'huile et mettez-les sur la grille au-dessus de braises ardentes. Faites cuire 5 à 10 minutes en retournant une fois.

4 Transférez les pêches dans un plat de service, et garnissez-les avec le mélange de mascarpone et de noix.

5 Versez quelques gouttes de sirop d'érable sur les pêches et la garniture, puis servez sans attendre.

VARIANTE

Remplacez les pêches par des nectarines, en choisissant des fruits mûrs mais toujours fermes, qui ne ramolliront pas au barbecue (gril). Préparez les nectarines de la même manière que les pêches, et faites-les cuire pendant 5 à 10 minutes.

MON CONSEIL

Le mascarpone est un fromage gras ; si vous suivez un régime, utilisez du yaourt nature à la place.

Papillotes de fruits exotiques

De délicieux morceaux de fruits exotiques cuits dans une sauce parfumée à la grenade, pour un dessert fabuleux au barbecue (gril).

Pour 4 personnes

INGRÉDIENTS

1 papaye
1 mangue
1 carambole
1 cuil. à soupe de grenadine
3 cuil. à soupe de jus d'orange
crème légère ou yaourt nature pour servir

1 Coupez la papaye en deux, enlevez et jetez les graines. Pelez et découpez le fruit en grosses tranches.

2 Préparez la mangue en la coupant dans le sens de la longueur de part et d'autre du noyau.

3 Entaillez chaque moitié de mangue en quadrillage. Retournez les moitiés de mangue et appuyez sur le dos pour séparer les cubes ; détachez-les de la peau.

4 Avec un couteau tranchant, découpez la carambole en grosses tranches.

5 Mélangez tous les morceaux de fruit dans un saladier.

6 Mélangez la grenadine et le jus d'orange, et versez ce mélange sur les fruits. Faites mariner au moins 30 minutes.

7 Répartissez les fruits entre quatre carrés de papier aluminium double-épaisseur. Repliez les coins de papillotes et refermez-les soigneusement.

8 Disposez les papillottes sur la grille au-dessus des braises chaudes, et faites-les cuire pendant 15 à 20 minutes.

9 Servez les fruits dans leur papillotte, avec la crème ou le yaourt à part.

MON CONSEIL

La grenadine est un sirop sucré extrait de la grenade. Dans cette recette, vous pouvez utiliser du jus de grenade pour remplacer la grenadine. Pour extraire le jus de grenade, coupez le fruit en deux, et pressez-le délicatement avec un presse-agrume – ne le pressez pas trop fort car le jus pourrait devenir amer.

1

3

3

Index